JN418958

뿔라부안라뚜 해안의 고양이

뿔라부안라뚜 해안의 고양이

최준 시집

문학의전당

| 시인의 말 |

지난 삶 속에 인도네시아에서 보낸 5년이 들어 있다. 이 시집은 그 흔적들이다. 사람보다 자연이 더 절실했던 날들. 시간이 흘러, 기억해야 할 소중한 순간들을 많이 놓쳤다.

10년 전, 나를 인도네시아에 살게 하고 영원한 아픔으로 남은 아버지와, 서른다섯 해 짧은 생을 살다 간 사랑하는 아우에게 이 시집을 바친다.

2009년 11월
최준

차례

자바섬 바나나

어디에나 그 여자가 서 있다

하늘과 땅의 중간쯤에서
하늘을 조금 끌어내리고, 땅을
조금 들어올리고

눈높이에 키를 맞추고

남편 없는 아이들을 주렁주렁 매달고 있다

세상 건널목 다 건너온 여자의 아이들이
양말을 신지 않았다

강이든 바다든 들판이든 집이든
슬프게 흔들리는

청파라솔 쓴 여자의 발치엔 늘 그림자가 있다

호모 에렉투스

세 개의 카페와 두 개의 극장으로 가는 길을
알고 있네 일 년 걸렸네
시간의 블랙홀 — 인도네시아 국립박물관에 안치되어 있는
유인원의 두개골
눈알 있던 자리에 뚫린 퀭한 터널 두 개, 거기로
두 번째 우기가 지나가네
그는 나무 이름을 가진 짐승의 모습으로
뒤통수 하늘에다 몇 십만 년 저쪽, 저쪽의 번개를
숨겨, 잠재우고 있네 빠져나가
없는 눈알로 나를 응시하고 있는 당신
당신과 나는 어디가 닮았을까
금속성 피뢰침을 정수리에 꽃피우는
문명은, 가식이 아니라 장식이었네
알전구 같은 두개골을 남겨두고
몇 억 광년 전의 우주로 떠나버린 영혼
박물관 안뜰을 배회하는 나비는 그때의 날개
나무는 그때부터의 그늘

나는 이백 년 된 식민시대의 카페와 화랑과
다섯 개의 동시 상영관이 있는
거대한 극장 건물을 아네
오늘 저녁엔 영화를 보러 가야 하네
컴퓨터로 재생된 공룡들이 출몰하는 쥐라기
그 예고편엔 아직 짐승이던 그가
불 없는 지상에서 인간처럼 살고 있었네
재작년 시월까지 자카르타는
내 지도에 없었던 도시
그의 몸에서 문명이 태어나리라고는
아무도 몰랐던 것처럼
박쥐들은 고집스럽게 나날의 저녁을 날아다니네
벗어날 수 없는,
진화 없는 허공 미로에서

인도양

젖은 모래톱 걸어간 물새 발자국
그 깊이만큼 가벼웠을 영혼의 흔적 따라
걸어가다 보면
새가 날아가는 것
날아갈 수 있게 하는 것
날개만이 아닌 것 같다 아니,
날개가 아닌 것 같다
껍질 깨고 나온 부화의 순간부터
어느 한 곳에도 붙박아 두지 않은 마음
더불어 흔들려야 하는 가지에 매달려
안간힘 쓰고 싶지 않은 욕망
마침내 그거마저 놓아버린 새의 발자국이 더는
지상에 없다 솟구쳐 올라
한 오후 한나절 한때
나에게도 있을 수 있는 착각과 환으로
잠시 기웃거리던 자기 너머 자신을
그 자취를
바람 센 날 물결이 와 지워주기 바라면서

새는,
먹이도 길도 없는 어디로 온몸으로 날아갔나
새의 발자국이 사라진 지점, 아니
그때부터 허공에 찍힌 새의 갈퀴발이
첫걸음 내디딘 자리
다시 시작인 듯, 내 안 저쪽에서
뜨겁지 않은 노을이
붉게 불탄다

오랑우탄 동물원

시간을 번지점프하는 생을 믿을 수 없어
장애물 투성이 운동장을 뭉개버렸네
밀림에서 스카웃 되어
나무를 연주하는 바람이 될 수 없는
철부지 치어걸들
온종일 박수 치고, 노래만 부르는데
별들은 아직도 꼬리가 있나
그들의 언어만큼 오랜 삶만큼
반짝거릴 자신이 없어
하늘을 날지 않기로 했네
가짜 넝쿨을 잘라내어 날개 달지 않네
사진을 찍어두지 않아서
죽은 할머니는 거울이 없고
제가 만든 트랙을 저 혼자 도는
너무 정직한 마라토너
태양이 싫어
얼굴 찡그린 긴 오후가 지나가네
무례한 관중들은 던져줄 비스킷도 없는지

엄마가 많이 아픈데
난 오늘도 트랙에 갇혀

터널

바다가 있다 어둡고 긴 해안선 저쪽에서
아직 출렁이고 있는지는 모르겠지만
객실 탁자에 놔두고 떠난 여행객의 지도를 펼쳐
확인한다 여자아이가 지금도 거기 살고 있는지
알 수 없지만, 마을과 바다는 있다
마을 이름은 뿔라부안라뚜
생각난다 달밤에 낚아 올리던 은갈치 같은 여자아이

여자아이는 엄마가 없었다 나는
아빠가 없었다

*

파파야 나무가 있다 야자수 숲 너머 모래톱
수평선보다 눈 높은 파파야 나무
해풍에 일렁이는 푸른 잎들이
남자아이의 머리칼을 닮았던가
신호대기로 멈춰 있는 차량들에 다가설 때마다

푸른 선팅의 바다 속을 기웃거린다
세상의 심해 어디쯤에서
지느러미 큰 물고기가 되어 있을 것 같은 남자아이

남자아이는 아빠가 없었다 나는
엄마가 없었다

*

은갈치를 품고 사는 남자아이와
파파야 나무를 품고 사는 여자아이

아주 먼 시간을 지나와
해안선 지워지고 야자수 숲 없는 사막에서
여자아이는 아빠를 잃고
남자아이는 엄마를 잃었다

어떻게 만날 수 있을까 자카르타

꾸닝안 사거리 흰 꽃나무가 된 여자아이와
차이나타운 특급 호텔 붉은 카펫이 된 남자아이

기억, 찌부불

아버지의 집 아버지 없는 집
새벽도 없었나 눈 뜨면 한낮이었지
식탁의 밥과 천정의 선풍기와
식모 방 라디오에서 흘러나오는
알 수 없는 노래들
암기되지 않는 암호들
죽어도 천국을 노래하지 않는
흰 벽 속의 백치 천사들

흐린 눈알로 아버지의 슬리퍼 끌고
호수 주변 숲길을 한 바퀴 돌고, 돌아와
반성하는 물고기처럼
아버지 놓아두고 간 붉은 토기 속 화초들에
물을 뿌렸지 호스를 빠져나온 물방울들이
숨 쉴 수 없어 슬픈 물고기를 적셨지

여기 와서, 오랫동안 새벽이 없었지
아버지 파파야가 다 익을 때까지

아버지의 낡은 자전거를 타고
길을 잃었지 파파야를 다 먹을 때까지
배고파 더 이상 자전거를 탈 수 없을 때까지
헤매 다녔지 자전거만 서 있고
자전거 타는 아버지가 없어
오랫동안 길 잃고 싶었지

없는 아버지, 밤마다 혼자 눕는 침대
기억의 돋보기 쓰고
낡은 책 속에서 아버지를 더듬는 어머니
밤새 추억의 책장 넘기던 어머니가
오래전 부르던 노래 속으로 걸어 들어가
잊혀진 가수처럼
뜨븟 시장 가자며 문득 깨우는 날은
새벽부터 박쥐들이 날아다니는 이상한 날이었지
호수의 흐린 눈알 붉게 타오르고
생시엔 없던 길이 아버지의 행여를 낯선 바닷가
화장장으로 데리고 가는 아픈 날이었지 어제처럼

아버지의 생을 따라
자전거 페달만 밟는 날들이었지

시간의 주름

쪼그려 앉아 있다
뼈와 살갗만으로 검게 졸아든
원시 부족 족장의 미라
살아서 벗어난 적 없던 밀림의 깊이가
동공 있던 자리에 들어찬 어둠으로 고요하다

눈에 바람 나르는 소리

망고와 파파야
붉은 강가에 띄워 놓은 바나나 잎 카누들
사냥의 하루를 피워 올리는 저녁연기 불어가는
마을 뒷산 바위굴에 안치된 조상의 영혼들
삶과 죽음 사이에서 대체 어떤 말이 오고 갔는지
그건,
영원한 비밀

박물관 구석에서 노인은
정강이뼈 감싸 쥔 자신의 손을 고집스럽게

내려다보고 있다

저 검은 침묵의 육체,
강의 흐름 바꿔 놓던 마을이 사라지고
보다 먼저 길이 사라지고
생을 뚫고 지나간 영원의 시간

귀에 바람 마르는 소리

저녁 여섯 시, 박물관의 불이 꺼지면
바위 동굴의 어둠이 다시 오는가
말라붙은 노인의 무릎 사이로
이백 년 전 밀림을 불어갔던 그 바람이 지나간다

극락조 염전

인부들이 잠들어 있는데
거품 파도를 일으키며 선풍기가 돌아간다
어디에도 바람은 보이지 않는데
소금 창고 그늘 찾아들어
소금자루 베고 잠든 인부들의 꿈속에서
극락조가 우는 한낮

주인공 없는 비극이다 소금을 먹지 않는 극락조는
숲 없는 바다에서 살지 않는다
적도를 오래도록 서성거리는 붉은 태양뿐
태양의 바다와 눈부신 개펄뿐

그늘 없는 극락이 어디 있다고
인부들이 버려 둔 삽날이 소금보다 더 반짝거린다
지난 우기의 천둥과 번개가 몸 도사리고
한낮을 이미 기운 그들의 삶이 저물어가듯

고집스럽게

선풍기가 돌아간다 인부들의 꿈 없는
극락조 없는 소금창고가 바다의 깊이로 넓어져 있다

바람이 분다 선풍기는 소금을 낳지 않는데
소라고동의 먼 휘파람 소리로
극락조가 울고 있다
극락조 은빛 울음만 눈부시게 쌓이고 있다

파파 염소의 노래

환생을 기다리며 살지
일생 언덕을 오르다 보니
내가 산 세상은 다함없는 노래였네
울음이었네 때로
노래가 되는 울음, 종종
울음이 되던 노래
생식과 양육의 즐거운 시간들이
몸의 안팎을 두루 흘렀네

나, 오늘도 언덕을 올라가네
이건 풀처럼 무해한 몸짓
환생을 위한 나만의 일탈, 아니면
모르겠네 나 자신을 향한 저항일지도

난 세상에서 부르던 노래
세상에다 함부로 던져버리지 않네
언덕 끝까지 데리고 올라가네
배우지도 않은 노래를 아주 잘 우네

아니, 배운 노래도 제대로 못 울면서
세월만큼 생도 기울어
마지막이 될지 모를 그리운 언덕
오늘도 올라가고 있네

내려오는 길이 지워져버릴지 몰라
자꾸 뒤돌아보네

호텔 그랜멜리아

소음과 폭염의 거리에서
춤추는 나무를 아무도 눈여겨보지 않지요
일렁이는 외로움을 박수 치지 않지요
호텔 2층 커피숍
거대한 출입문과 에스컬레이터를 등지고 서서
팝송을 부르고 있는 저들은
희디흰 치아 드러내고 저녁을 웃는 저들은
거리의 나무들 어두워질 때
나뭇잎 그림자 지워져 추억 없을 때
추억을 입맞춤하는 저들은
우리가 너무 멀리 와 있는 거 아니냐고
빨간 비로드로 감싼 몸을 흔드네
시거 연기 자욱한 아바나 해변
해안선 바라보며 춤추던 재즈 영웅들
뉴욕 뒷골목 노인들로 쓸쓸히 묻혀 간 그들의 전설을
기억하지요 우리들에게도 돌아가고 싶은
고향이 있답니다 떠나 온 곳이 아름다웠다는 걸
당신도 언젠가는 당신에게서 버려질 운명

생의, 그 아득함에 길들여지면
존재만으로도 우리는 버거워지는가요
피아노와 첼로가 파도치는 보트 위에서
저들은 남녀가 아닌 한 쌍의 어둠으로
낯선 실내의 공허를 노래하고 있네

오늘만 둥근 달

집 밖의 아이는 눈동자가 없다 어둠이
눈동자 없는 아이를 골목에 세워 두었다
그랬다 불면은 종종
너무 깊은 바다로 궤도이탈하거나
우주보다 넓은 도시를 헤매 다니는 것인데
잠을 포기해버리는 순간,
가령, 오늘밤은, 그렇다 지구에 도착한 지
예닐곱 해 되었을까 하는 아이 하나
빵이 대체 어디서 났는지 와룽*도 문 닫았는데
골목에 혼자 서서 빵을 먹고 있다
대나무 두 그루가 입고 있을 반바지
밤에도 여전히 붉은 바자이**가 지나가고 한 입
바자이만 한 가방을 멘 두 사람이 지나가고 한 입
빵을 다 먹을 때까지 빵만 먹고 서 있는 아이
빵을 다 먹어도 엄마가 데리러 오지 않을 아이
밤 골목에서 빵을 먹지 않으면 아이의 내일이 없을까
회교 사원 돔 지붕 위에 둥실 떠 있는
아이의 빵

다 먹었는데도 여전히 둥근 빵
아이처럼 불현듯 빵이 먹고 싶어지는 나
아이를 침 삼키는 나
빵을 먹은 아이는 배가 볼록 둥글까
와룽도 문 닫았는데 빵 대신 달이라도 먹을까
창문을 떼어 던지고 날아오를까
잠도 오지 않는데
그래, 오늘 하룻밤만이라도 둥글게

* 와룽: 박스형 구멍가게를 인도네시아에서 그렇게 부른다. 길가나 골목 곳곳에서 흔히 볼 수 있고 음료수, 담배, 사탕, 껌 등 잡화를 파는, 우리나라로 비유하면 버스 정류소 옆에 있는 교통카드 충전소와 비슷한 곳이다.

** 바자이: 앞바퀴 하나에 뒷바퀴 두 개가 달린 영업용 탈것. 오토바이 엔진에다 짙은 오렌지색 덮개를 씌워 운전수 뒤에 두 사람의 승객을 태운다. 택시보다 작아서 좁은 골목도 잘 지나다닌다. 가까운 거리를 싼값에 갈 수 있어 서민들이 많이 이용하는 서민들의 발. 소음이 큰 것이 단점이다.

이십 년

이십 년 전 이발소에 걸려 있던 그림 속 나무들
나무들 사이 장님 요정들
머리 깎으며 문득 쳐다볼 때마다
저 숲엔 이발소가 없겠지
이발소가 없는데 사람이 있을 리 없겠지
'축 발전' 이 있을 리 없겠지, 했다

발모제 광고를 심각하게 들여다보고
담배 피운 지 이십 년
밀림 속엔 길이 없겠지 천사들이
가위질하는 미용실도 없겠지, 하면서
보르네오섬 밀림으로 들어갔다
이십 년 전 타잔을 닮은 인부들의
벌목용 도끼를 따라갔다

두려움과 호기심 끝난 거기에
두 개의 길이 나 있었다
거대한 나무들이 쓰러질 때마다

한 개의 길이 생기고
길 하나가 사라지고 있었다
사라지는 길을 묘목들이 메우고 있었다
두 개의 길이 밀림을 교대하고 있었다

이십 년 후엔 또 바뀔 거야
나이테 없는 책상에 엎드려 잠만 자다가
어른이 된 아이들이 이십 년 전의 톱질소리로
사라졌던 옛 길을 복원할 거야

일 분마다 쓰러지는 나무들
그 푸름만으로
이십 년을 줄기차게 날아오르던
영혼의 날개들

뽈라우 스리부*로 간 세 명의 여행자

1
천 개의 섬엔 천 개의 이름
천 개의 애드벌룬 천 개의 전설
천 개의 호텔 천 개의 파라솔
천 개의 눈동자가 있는 천 갈래의 길
천만 번의 유랑

그런데,

천 개의 이름을 지도에서 찾을 수 없다

2
오줌 누는 여인이 되어 쪼그려 앉아 있는 섬
태양으로 하늘 중심에 떠 있는 섬
별 하나로 깜박이는 섬 바람으로 불어가는 섬

천 개의 섬 중엔

엊저녁에 사라져버린 섬도 있다는데

아무튼,

천 개의 섬에 가려면 천 개의 이름 먼저
잊어버려야 한다는데

3
저녁밥 먹는 식구들처럼
저렇게 이마 맞대고 앉아 있어도
섬이 외로운 건 바다 때문이다

바다는 섬보다 넓다

아침밥 먹은 식구들처럼
이렇게 떨어져 나가 있어도
섬이 외롭지 않은 건 바다 때문이다

바다는 섬의 길이다

4
오늘은 태평양을 남하하는 계절풍이
순다 끌라빠항의 이마를 쓸고 지나간다

건기를 노 저어
천 개의 섬으로 떠난 세 명의 여행자는
사실은 나,

천 번 후회하며
태양과 별과 여인의 이름 새긴 배낭을 메고
바람의 섬을 여직 떠도는

* 인도네시아의 수도 자카르타 서쪽 바다에 올망졸망 떠 있는 무수한 작은 섬들을 '뿔라우 스리부'라 부른다. '뿔라우'는 '섬'이고 '스리부'는 '일천一千'이라는 뜻. 풀이하면 '천 개의 섬'이 된다.

옛 집 앞 공터

모르겠네 거기 있던 모든 게 왜
버려졌다고 생각했는지
풀 우거지고 꽃 흐드러지고
대양을 건너 온 나비들 폴랑거리고
막 깨어난 듯 새끼 고양이
깨금발로 가뿐히 그 수풀 헤엄쳐 나온
아침도 있었는데
가끔은 그 폐허 아름다워 보이기도 하던 저녁
검은 박쥐들 날아다닐 때
난데없이 환청처럼 아이 울음소리가
말갛게 가볍게 들려오기도 했는데
비 그치면 태초의 비린내
북태평양 계절풍 불어
문 꼭꼭 닫아걸기도 했는데
알 수 없네 지금은 마법의 양탄자처럼
지붕보다 높이 떠올라 있는 옛 집 앞 공터
혹시, 이무기 살던 호수는 아니었나
모르겠네 어쩌면 옛 집 마당이
아주 넓었던 건지도

물고기 굽는 시간

1 윈드서핑

인생이란 그런 것
왼발로 꼬리지느러미 없는 물고기의 아가미를 밟고
오른발이 꼬리지느러미가 되어
아침부터 파도타기하는 것
비늘 없는 피부가 태양빛을 닮아가고
파도가 바람의 지느러미라는 걸 깨닫는 것
파도의 결이 물고기를 가라앉지 않게
쓰러지지 않게 한다는 걸
저녁에야
비로소 알게 되는 것

해가 지고

한쪽 가슴을 비워 두고 사는 남자와
어두운 추억을 잊지 못하는 여자가
물고기를 메고 바다에서 걸어 나온다

뭍으로 나오면 죽는 물고기
아니지 사실은 처음부터 죽어 있던 물고기

서핑보드는 물고기를 닮았다
그래, 인생이란 아가미 없고 꼬리지느러미 없이
파도 타는 물고기 같은 것

2 저녁식사

야자열매 숯불로 물고기를 굽는 저녁이다
대꼬챙이에 꿰인 물고기
검게 타들어가는 지느러미들
낡은 풍향계처럼
머리가 일제히 해 뜨는 쪽을 가리키고 있다

지난 시간 속에서 공포와 모험이 구분될 수 있을까

파도타기 마친 젊은 남녀가 입술을 떨며 서 있다

비늘 없는 그들의 몸에서 비린내가 난다

흔적 또는 기억

1

죽음은 생의 한가운데로 불쑥, 끼어들기도 한다

2

화석물고기 실러캔스, 서식지는 남아프리카 공화국 앞바다 아가미 아닌 폐로 숨 쉰다 흰자위뿐인 눈알, 몽당붓 같은 아홉 개의 지느러미가 등, 가슴, 옆구리에 붙어 있다

불타다 만 나무토막 실러캔스, 진화를 역행 혹은 거부하다가 스스로 어두워져버린 1.2미터의 살아 있는 화석, 부레 없는

3

인도네시아 수마트라섬 남쪽 연해까지 헤엄쳐 온 실러캔스 어부의 그물에 포획된, 수만 킬로미터의 어둠을 문신한 암회색 육체

실러캔스의 사진과 설명을 전면 게재한 영자신문 하단 지

도에는 가상 이동 경로가 점선으로 표기되어 있다 빛 없는 흰 점선들은, 그러나,

실러캔스가 암흑을 호흡하며 지나온 길이었을까, 3년 전에도

4

그랬던 적 있다 박제가 되어 자카르타 바닷가 유원지 해양 수족관에 전시되어 있는 실러캔스

알 수 없다 생각인가 아니면 본능인가 삶과 죽음을 동시에 떠올리게 하는, 3억 년의 어둠으로 눈 먼 화석 물고기, 실러캔스

5

그리고 3년 후, 그 바다에 거대한 지진해일이 있었다 당신은 실종되었다

6
느낀다, 내 안에 엎드려 숨 쉬고 있는 나, 아닌 나

돌아갈 수 없다 너무 먼 곳으로 오고 말았다

7
실러캔스,

나는 끝내 당신을 알지 못한다

운명

염소 수염은 풀을 닮았다
이슬람 경전 코란을 읽는 대신
순교를 위해
아라비안 턱수염을 기른 염소 떼가
차도를 가로질러 맞은편 언덕으로 몰려간다
사유가 들어 있을까 의심스러운
뾰족뾸 솟은 머리통이
맷돌만 한 엉덩이를 매달고 간다
이슬람 월력의 해가 바뀌는 날
회교사원 아침 마당에서
대나무 형틀에 거꾸로 매어달릴 염소들이
풀밭 찾아 떼지어 간다
세상의 푸른 언덕 부지런히 오르내리는 사이
말씀 아닌 몸으로
경전을 다 깨우쳐버린 염소들은
뼈 없는 풀의 푸름이
뱃속 구절양장을 거치면서
어찌 저리 뜨겁고 무구한 피로 염색되어

한 목숨 온전한 무죄로 건너올 수 있었던가를
죽음으로써 증명해 보인다 매애매애
푸른 펜촉으로 코란을 필사하며 염소들 간다
기도소리 들리지 않는 언덕으로 꾸역꾸역 몰려간다
아픈 울음 콕콕 찍어 밟으며 간다

밀림의 왕자

번개 칠 때마다
극락조를 기다리며 서성거리네
태양 속엔 불 먹는 나무들이 살고
달엔 불탄 나무들이 숨 쉬고 있네 신기하게도
숯덩이 나무들이 밤마다 별꽃을 피웠네
극락조 날개 없어도 가볍게 날아
까마득한 저 수면 위로 솟아오르는 나무들
난 나무가 아니어서
극락조 기다리며 태양 속에서
달 속에서 무서워 울었네
태양을 삼키고 더 길어진 비단뱀
꿈속을 기어다녔네 뱀의 꼬리에 꼬리를 감고
머리 위로 끔찍한 덩굴손이 내려왔네
들어오는 길 찾지 못해 아직 바깥에서 떠도는
바보 우편배달부의 너무 큰 가방 그림자가
여길 내려다보아야 하는데
멍청한 그가 지나갈 때면 비가 내리네
어디로 가 버린 것일까 극락조가 오지 않아

나무들의 바깥으로 나갈 수 없네
나무들의 수면 위로 날아오를 수 없네
어둠이 낳은 전갈들이 꿈속으로 기어왔네
별에서 쫓겨난 큰 곰 작은 곰이 번갈아가며
나무 꼭대기에서 머리 위로 뛰어내렸네
머지않아 말라버린 해와 달
날개는 없었네 아아 난 오지 않는, 결국은
있지도 않은 극락조를 기다리다가
태어나기도 전에 늙어버린 아이

고기잡이 소년

아빠에게 물려받은 고깃배
문명처럼 낡았네 파도가 높아
이 빈약한 대나무 날개로는 수평선 근처까지
날아갈 수 없네 파도는 나의 운명
처음부터 내게 있었던 것 그러니까 나의 것
바다는 나를 엄마 대신
품에 안아 길렀네 오늘은
파도가 무서워 바다 없는 나라로 간
엄마의 따스함으로
그 기억으로 비가 내리네
하늘이 아주 가까이 내려와 해안선 근처에서
오랜 별들의 기억을 내게 주려는지
무슨 말을 자꾸 중얼거리네 알아들으려
애쓰지 않네 오늘
태양은 없고, 마치 어제의 밤처럼
먼 곳부터 어둡네 야자나무 숲 속
지붕 붉은 집에서 책가방 없는 누이동생은
잠들었는지 모르겠네 마당가 아빠의 무덤

이젠 무섭지 않은지 알 수 없네
세상은 수평선보다 멀고
파도는 내 삶의 처음에서 이 순간까지
바다를 출렁거리네 부서지는 모래의 시간이
하필이면 오늘이라니, 쉬면서
아무 꿈이라도 좋으니 꿈꾸고 싶네
내게 가장 익숙한 풍경 속에서
한 번도 못 본 무지개 아래
새가 된 물고기 사냥을 하고 싶네
아버지의 낡은 날개로
오늘은 파도를 헤엄치지 않겠네
야자수 그늘 아래서 온종일
담배 피우고 싶네

여행 중인 사내

누가 묻었나 마당가 무덤
야자수 숲 속 붉은 지붕 하나
조랑말과 열세 살 아이
늙은 조랑말은 마당에서 잠들고
아이는 별 보이는 집에서 잔다 오래됐다
둥근 마차바퀴 소음 장터를 굴러가는 저녁
어제의 어제부터 아이는 제 안에다
이미 많은 것을 모아 두었다 엄마 아빠 목각 장난감
잃어버린 것도 많지만 사탕수수밭 커피나무
찻잎 따는 여자들 사탕과 비스킷 생수병에 새겨진
야자수와 바나나는 오랜 동행처럼 친숙하다
고독은 쉽게 완성되지 않는다는 걸 이미 알고 있는
아이는 가슴에 길만 새겼다
종종 마차가 되는 길, 가끔
집이 되는 마차
지난 저녁, 세 달째 도보여행 중인 사내가
아이의 마차를 타고 아이의 집으로 왔다
얼마만인가 서늘한 돌바닥에 드러누워 지붕

틈새 기웃거린다 엄마 아빠 없는 아이의 운명
별점 보고 있다 아득한 저 별 어느새
낯익다 내일은 바다를 볼 수 있을까 사내는
베고 누운 냅색 속의 지도에다
먼 해안선을 그려 넣는다
아이와 조랑말의 숨소리
바다처럼 아늑하고, 깊다 늙은 조랑말과
아이의 붉은 집
마당가에
무덤이 두 개

조랑말 마차 1

벤자민 가로수 그늘 아래
철물점 쇳소리 음악 따각거리며

문명과 자연의 점이지대
소읍 장터 앞길을
마차가 가고 있다

마차의 속도는
소읍의 속도

마차의 보폭은
소읍의 보폭

갈수록 어깨 좁아지고
숨 가빠지는 길
운명처럼 끌고 오는 사이

어느새 빗물 고인 웅덩이가 되어버린

조랑말의 눈동자가

들판 너머 아득한 저녁 구릉으로
이어지는 길 끝, 저쪽을
환하게 열어놓고 있다

뿔라부안라뚜 해안의 고양이

세 달째 투숙객이 없는 호텔
무상으로 인수했지만

그녀가 보이지 않아 세상이 텅 비었네

파도 들락거리는 로비 탁자 위에
낯선 세상 하나 버려져 있네

너무 넓은 탁자는 피로해 지나온 길을
반짝거리고 앉은뱅이 눈높이에서
시간을 멈추게 하네

탁자의 나이테 새겨진 밀림과 바다의 배후에
허공이 있네 별들 떠 있네

무너지려는 모래무덤을 점프하며
바나나 숲 가로질러
102호 객실 유리창을 뚫고 달아난 애인

아, 수평선 너머로 간 게 아니었나 탁자 모서리
먼발치에 돌아와 우네 배고픈
파도소리와 그녀의 울음소리
아주 넓은 탁자를 멀미나게 하네

비린내가 풍길 때마다 탁자는 일렁거리고
몽유환자처럼 혼자 잠들 수 없어
탁자 위에 엎드려 밤새 엿보고 있네

그녀에게는 없는 신기한 무늬들,

듣고 있네 탁자에 새겨진
해독되지 않는 물결 음악들

사원 보로부두르

매표소에서 머리를 잃어버렸다
화산재 속에서 천 년을 견딘 부처들

처음 자리로 돌아와 앉아
없는 머리로, 몸통만으로 관광객들을 설법하는
무수한, 무량한 돌덩어리들

천 년 벽 속을 걸어가고 있는 코끼리에 기대 앉아
기타 치는 늙은 악사를 이해할까

바위벽에 새긴 경전을 천 년 동안 배회하고 있는 코끼리를
어떻게 길들일까

머리 없는 부처들의 목에서 태어난 검은 새들이
노을 반대쪽 하늘로 날아오른다

천 년을 노역 중인 현지인 인부들

이십 년째 사원을 복원하고 있는
영국인 전문가들 떠나고

2만 루피아 목각 코끼리
털 없는 엉덩이 쓰다듬으며 내려선 돌계단

머리를 돌려받고

매표소 지난 지 오래지 않아
부처 사라진 하늘에서
색색 사리들 쏟아지기 시작했다

엑스트라

지난 금요일엔
거대한 유람선 위에서 출렁거렸네

바다가 가라앉고

같이 춤추던 여자를 살리느라 남자가 죽는
영화를 보고

울면서
데킬라를 마셨네

빈 술병 두 개 허공에 번갈아 던지는
주인공 닮은 나비넥타이 바텐더 사내의 손
여자가 놓았는지 남자가 놓쳤는지
대사 없는

영화가 끝나기 전에 여자는 늙었고

애인 대신 죽을 순간의 갈등도
목적지 없이 표류하는
자카르타호와 무관하다는 사실만이 너무 행복해

소금자루 지고 히말라야 넘어온 티베트 야크처럼
손등의 소금을 밤새 핥았네

등받이 없는 회전의자 한 바퀴 돌아
회전문 밀고 새벽 갑판에 나서니

영화 없는 토요일이
배를 침몰시킨 빙산으로 녹아내리고 있었네

자카르타 펭귄

빙산이 녹아내려도 펭귄들은 죽지 않는다
날개 단 오토바이가 칼리만탄 밀림으로 들어가 버려도
거리의 나무들은 노래를 멈추지 않는다
바보 펭귄들이 나무의 춤을 다 추고 죽어버려도
늙은 스페이드 킹과 하트 퀸이 지배하는
다이아몬드 프린스와 클로버 프린세스들의 왕국
로열패밀리는 항구에 쌓인 원목더미처럼 건재하다
극지를 상상하지 말고 트럼프를 계속하자
마지막 카드가 아직 도착하지 않았다
도망치지 마라 섣불리 오토바이에 올라타지 마라
바퀴들의 길 위에선
음악, 음악만 있으면 콜라와 애인이 없어도
녹아내리는 가슴에 빙산이 쪼개져 가라앉아도
멈춰선 안 된다
작년에도 펭귄들은 뒤뚱뒤뚱
어두운 골목에서 밤마다 걸어나왔지
죽지도 않는 늙은 유령처럼
건기가 끝나면
우기가 올 테지

반둥, 밤, 반둥

1. 앙끌룽

앙끌룽은 대나무 악기

아이들의 입술 빠져나온 바람 한 줄기 대나무 속으로
들어갔다 나오면 어둠이 되는,

앙끌룽은 영혼의 악기

길은 두 개

지나온 길과
지나오지 않은 길

2. 와양*

역신疫神과의 천 년 전쟁을 끝내고

대나무 뗏목에 실려
밤 호수를 건너오는 그림자

호수 건너편 대나무 숲에는
신神이 살고 있는 대나무 집이 있고

대나무 집엔 대나무처럼 바짝 마른 신이
대나무 지팡이를 짚고 처마 끝에 나와 앉아
천 년 동안
호수를 건너오는 그림자를 기다리고 있다

천 년 동안 휴식 없던 역신과의 전쟁에
살과 뼈 없는 그림자를 내보내고

그림자 없이
대나무 숲을 혼자 지키고 있는,

이제는 자신의 내력과 나이마저 잊어버린

치매癡呆의 신

* 인도네시아의 전통적인 그림자 인형극. 주로 『라마야나』나 『마하바라타』 같은 힌두교의 경전 내용을 소재로 한다. 선과 악의 대립이라는 극단적인 주제를 지닌 신들의 이야기가 이 세상에서 아직도 감동적이고 유효한 건지는 모르겠으나, 문화란, 치마를 두른 팔등신의 미녀처럼, 그 매력적인 모습을 바라보는 사람들도 모종의 의미를 느낄 수 있을 때 소멸되지 않고 지속된다는 걸 매주 주말 심야에 텔레비전에서 방영하는 그림자 인형극을 보며 절감한다.

순다족 여자

하도 오래 돌아오지 않고 있어서
아들 기억이 너덜너덜해진 여자

발톱 깎은 손으로
어젯밤 죽은 남편의 글루뿍을 훔쳐 먹으며
만화영화 보고 있다

기린이 먼 지평선을 주억거리는
지루한 태양의 나라, 초원에서
기대하던 학살은 끝내 일어나지 않고

코 고는 수사자는 낮잠 속에서도
입맛 다신다 하품을 한다

천둥 번개에 더 이상 놀라지 않는
거리의 나무들, 엊그제 빗물에 헹궈
바닥에 던져놓은
아들은 먹구름, 남편은 양말

더는 젖을 게 없어
폐경기로 접어드는 삼십대 여자의 실내

오전

흐린 눈알 물고기

하루 두 번
도심 속 호수를 산책하는 물고기

비늘이 없다 물에 베인 발바닥
상처가 없다

나이보다 오래 닫혀 녹슨 수문을 지나
박쥐들의 숲으로 들어갔다가
바닥 드러날까 걱정되는 수면을 바라보다가

아이의 자전거에 길 내어주기도 한다

바퀴 없이, 지느러미도 없이
나무처럼 풀처럼 언어로 걸어가지 않는
외계 물고기의 시간

아름답다
호수가 진흙 붉게 잔뜩 흐려 있어도

수면 위를 잘도 숨 쉬는 아가미
숲 너머에서는 호수가 보이지 않는다

에어컨과 수족관의 집에 돌아와
호수를 상상하는 물고기

안약 찾아 주방을 뒤진다
마호가니 장롱 서랍 속으로 들어간다

어디다 뒀지? 잃어버린 눈알 찾을 수 없어

아침의 길을
다시 헤엄치는 저녁

9월

어머니와 쇼핑 중이야 생필품이 필요해
저기, 북쪽 하늘 언저리를 봐
스토커 뭉게구름들 얼쩡거리기 시작하면
우기가 시작되는 거야
북태평양에서 새우잠 자던 계절풍이
기지개를 켜는 거지

송곳니 없는 구름들이 먹고 자라는 건 시간이 아니야
달력이지 금식기도 기간이 끝나면
뭉게, 뭉게, 배고픈 구름들

창밖을 내다보곤 화들짝 놀라
러닝머신에서 뛰어내린 여자들로 쇼핑몰은 북새통

하지만, 알아?
쇼핑 카트를 밀고 머릿속으로 들어가면
담아 나올 게 하나도 없었어
사흘치의 꿈을 도둑맞고 삼 년을 산 아내

두 시간의 시차는
식품 코너에서 서로의 부재를 확인하는 시간

서울 아내에겐 건기가 오겠지만
자카르타 내게는 우기가 오고 있는 거야

밀림 도서관

추장이 죽었다 9월
새들의 비망록은 그렇게 시작되었다
먹구름을 끌고
마지막 벌크선이 사라진 행간으로 비가 내렸다
눈 먼 나무들이 나이테를 배회하는 동안
추장의 빈소, 도서관 가는 길은
아무도 지나다니지 않아서 지워져 버렸나
천둥과 번개의 두근거림만으로도
슬픔은 한이 없었다
너무 긴 우기였다고, 헐거워진 창틀마다
이마에 화살 맞은 원숭이들이
바나나 잎 가면을 쓰고 앉아 책장을 넘겼다
문 잠긴 장서고는 꼬리처럼 어두웠다
반 년에 걸친 추장의 장례식이 끝난 건
새들의 비망록 속 비밀지도가 날개를 잃고
멍청한 얼굴로 도보여행을 시작한 3월이었다
도서관을 리모델링하려는
공공연한 도벌이 다시 시작되었지만

추장의 죽음은 발설되어서는 안 될
영원한 비밀
결코 회자되지 못할 새들의 비망록도
추장이 죽었다,로
끝나버리고

사원의 발자국

해안 절벽 힌두사원 뒤뜰
흰, 붉은 꽃들이 피어 있다
발리에서 보는 타로 점은 신이 되기 위한
여행자의 몸부림
과거로 돌아가는 길엔 빛이 들지 않는다
가슴을 디디고 간 무수한 시간들을
결코 기억하지 못한다
출구 없는 실내가 어지러워
여행자는 꽃잎 뒤에 숨은 자신의 손가락에
바늘을 꽂기도 한다 화들짝 놀라
바늘을 뽑아 낼 때
봉싯 솟아오르는 한 방울의 피
아린 게 손가락이 아니어서 여행자는 슬프다
사원의 꽃이 현실이 아닌 게 아프다
타로 점은 여행자를 뒤뜰에 가두고
그의 피를 돌 속으로 스며들게 한다
꽃잎 사이로 천천히 걸어 들어가는 오후
흑마술처럼, 태양이 사라지고

벼랑만 남았다
그러므로 사원은 영원한 그늘
세상의 뒷문을 조용히 빠져 나가는
여행자의 발자국은
예외 없이 어둡다 꽃들의 영혼은
어디에도
떨어진 흔적이 없고

나무 속의 새

1
화석 전시장 입구
두리안 나무에서 새들이 날아올랐다

새들이 날아가자
가시 돋친 두리안 열매들이
새똥 구린내를 풍겼다

2
화석 전시장은 몇 억 년 전의 바다와 숲
거기 살았던 생명들이 몸으로 쓴 편지

새똥 구린내를 풍기는
지상의 어떤 나무는 자신의 숨소리 엿들었던
새를 잊지 못한다

몇 억 년의 시간 흘러

돌이 된 나무가 새를 품고 있다

곁에 놓아둔 나무망치로 두드리면
맑은 새소리를 내는 나무

나무 속에 들어앉은 새의
가시 발톱들이 나이테에 박혀 있다

나무 속에서 영생하는 새

새는 나무를 제 몸에 문신하고 있다
날개를 나뭇잎으로 매달아두려 했던 것일까

앉을 자리 찾으려는 듯
죽지 하나를 접지 않았다

3

화석 전시장 출구
두리안 나무 가지로 새들이 돌아왔다

막 접는 나뭇잎 날개에 허공이 묻어 있다

다시, 새똥 구린내

비스듬히

죽은 산호들의 해안에 빈 배 한 척
옆구리 구멍으로 해풍을 숨 쉬고 있네
등창이 아파 옆으로 드러누웠네
페인트 벗겨진 피부는 물에 덴 상처
찍어 바를 연고도 없네
폭우를 데리고 오는 해풍이 자꾸 눅눅해져
해안은 아득하기만 하네 파도에 섞여
산호들의 뼈와 뼈가 부딪히는 소리 들리네
해안으로 끌려 올라온 늙은 고래를 구경하러
갈매기들 끼룩끼룩
안개의 영혼처럼 몰려드네
마지막 셔터를 누르는 저녁 해가
기우뚱, 하네

순다 끌라빠항

그의 아파트는 세상의 경계다
엘리베이터를 내려 복도를 걷다 보면
지상에다 무언가를 빠뜨리고 온 것 같다
이십사 층 공포보다도 그 높이만큼
아득한 심연으로 추락하는 기분이다
모기와 바퀴벌레가 없는
방역이 필요 없는 희한한 세계
그는 열여덟 평 공중 정원의 세입자다
베란다에 꽃핀 화분 일곱 개
그 꽃들이 어둠을 춤추는 밤
아내와 아이를 재워 놓고
고양이 걸음으로 응접실을 빠져 나와
거기서 그는 담배를 피운단다
청춘 다 지나가도록
못다 한 말들 푸푸 내뿜으며
물개를 기다리다가 고래를 꿈꾸기도 하고
인어를 만나 별 따러 간단다
동화 없는 세계에서 보물섬 찾아

단풍잎 돛을 달고 무작정 떠난단다
고비에 이를 적마다 한 번씩 접혀진 꿈
상어 떼에 시달리는 흉몽에서 깨어날 때면
유년의 해도海圖를 펼쳐 망망대해로
무작정 배 저어 간 배짱 있는 어떤 생을 질투하면서
아침이면 돌아가야 할 세상을 등 뒤에 두고
그리움뿐인 수평선을 가슴에 긋는단다
지금, 어느 바다 위를 홀로 배회하고 있을
갈매기처럼

새집

혼자 살기엔 너무 넓은 집에서
새털처럼 몸 가벼운 노인이 새를 기른다

새집이 되어 있는 노인의 집

새 구경을 처음 갔을 때
노인이 담아 내 온 오룡차烏龍茶 찻잔 속에서
울음이 향내로 바뀐 새의 혀를 보았다

길은 있으나 사람 자취 없는 심산深山
한 그루 노송이
하산하는 물줄기를 주름 깊은 눈길로 멀거니 보고 섰는
수묵화가 걸려 있는 저녁 응접실

빈 찻잔을 내려놓은 노인이
바닷가 납골당에 봉안해 놓았다는
아내의 유골을 이야기했다
먼저 간 아내가 기다리고 있을 청도淸島

남쪽 어디 복숭아꽃 지지 않는 시골 마을로
이제 돌아가야겠다는

노인의 말을 엿듣고 있었던 걸까
허공에 매단 색색 조롱들
횃대에 발목 묶여
혀 없는 새들이 울고 있었다

새들이 뱉어 놓은 울음소리가
먼 기억 아련한 낭하의
복숭아 꽃빛으로 떠다니고 있었다

땅그랑*

지붕만 보이는데

지붕보다 넓은 허공뿐인데

문 닫은 봉제공장

주인이 없는데

잡초 무성한 경비실도 비어 있는데

경비실 책상 위 내선전화기만 반짝거리는데

조립식 담장에 붙어 있는
아이 주먹만 한 달팽이 한 마리

상표 없는 흑갈색 포장지 속에 우겨넣고
여기까지 가져온 길이

공장 건물보다 더 큰 하늘보다
더 크게 비어가는 오후

나를 끌고 어디까지 가야 하는가

* 자카르타의 위성도시. 공장지대. 지상에서 천둥과 번개가 가장 많이 치는 곳으로 알려져 있다.

포도 파는 여자

그녀의 몸속 포도넝쿨
붉은 고무함지와 벤자민 가로수 그늘
포도송이 같은 오후의 정적
링거 꽂은 팔로 모기를 쫓고 있는 사내
말라리아 예방주사를 맞은 적 없는 아이들
산호로 둘러싸인 섬
검은자위 없는 눈알들뿐인 세상의 포도넝쿨

포도는 악으로 가득 차 있다
한때는 사랑과 연민도 들어 있었는데
그 불투명 사라지면서, 다 보였다
눈물 그득한지, 아니면 핏물이 고여 있는지
그녀의 고무함지 놓여 있는 가로수 그늘 지날 때
포도는 암호다 붉은
포도 함지엔 포도 넝쿨이 없고
뿌리는 더 없다 아, 아무것도 없이
그냥 즐거운 부패, 사실은 그게 생이고
당신인가 그런 당신이

포도를 이해하려면 태양 먼저 공부해야 한다
포도를 맛보려면 공기 먼저 호흡해야 한다

태양은 구름 건너에 있고
공기는 저 밀림 너머에 있다

작은 손

오후 두 시 빤쪼란 사거리
스콜이 내렸다
가방에서 우산을 꺼내 쓰고 신호를 기다리는데
우산 속으로 불쑥 들어서는 아이
닿을 듯 다가서서 손 내미는 아이에게
천 루피아 지폐 한 장 건네주다
눈이 마주쳤다

어느 행성에서 왔니
이름이 뭐니 몇 살이니
학교엔 왜 안 가니

묻지 못했다 아이의 언어는
숨 쉬는 공기 같은 것
단지 눈빛을 나누는 연기 같은 것

우산 밖으로
세상 속으로 재빨리 돌아가는 아이의 팔다리가

우산대처럼 가느다랗다
해진 옷 사이 흑단처럼 반들거리는 살갗
맨발 발가락이 젖은 흙바닥을 꼼지락거렸다

신호가 바뀌는 순간, 아이를 다 알았다
세상을 다 알아버렸다
온몸으로 한 장 명함을 새긴 아이

이름을 써 넣었을까
천 루피아 지폐보다 작은 아이의 손

야자수 성자

바보, 저 해골 염주

너무 가늘어 둥글게 휘어진 활대 허리로
공동묘지 중심을 버티고 서 있네

흰, 붉은 꽃나무 듬성듬성
사방이 온통 무덤뿐인데

기도도 염불도 도통 모르는
저, 바보

비구름의 시월 오면
참빗살 머리칼 서쪽으로 쓸어 넘겨
표지판인 듯
길 잃은 영혼들 가야 할 방향이나
넌지시 일러주는,

서른 개 우기를 상처 많은 몸뚱이로 버티며

서른 개 건기를 목마름으로 건너다가
눈물 말라버린,

암회색 미라가 되어가면서
쓰러지지도 않고
초록이었겠으나 갈색으로 표백된
해골 염주알 여태 두른 채
태평양 건너오는 계절풍,
완전한 풍화를 기다리고 있네

회교사원 금식기도 소리로 날아다니는
박쥐들의 저녁

흰, 붉은 꽃잎 떨어져 쌓인
공동묘지 숲길 산책하다 보면
만나네 빛살 일렁이던 노래의 시간들
허공 점자로 더듬거리고 서 있는

저, 바보 성자 하나

파파야 댄스

길 없는 해안 마을, 이름 없는
거기에
그런 춤이 있었는지 몰라

소녀 무희와 소년 관객, 그 둘만의 무대
계절풍과 흰 구름, 바다와 수평선
파도가 잎을 펄렁이는
붉은 지붕의 해안 마을

너무 작은 파파야 소녀와
파파야 소년

마을은 멀거니 파란
바다만 바라보고 붉은 지붕들은
까막눈이 별들만 키우다가
항아리처럼 비었네
비어버렸네

파파야 나무 한 그루 달랑 서 있는 해안

해 뜨는 쪽으로 걸어간 남자아이와
해 지는 쪽으로 달려간 여자아이

그런 아이들이 있었는지 몰라
몰라, 그런 춤이 있기나 했는지

하지만 파파야, 없었어도 괜찮아
그래, 파파야
할머니 나무의 파란 파파들, 좋았어
신나면 그만이지 뭐, 우기 부기 바다는 오늘도
너무 많은 춤을 보여주잖아

아, 하지만 계절풍 불 때마다
너무 넓어지는 해안에서
왠지 조금 슬프기도 한 파파야

꿈꾸는 벤자민

버스가 온다
어제의 속도로 버스가 지나간다
눈부시다 내가 타고 가야 할 버스
이게 길을 내게 가르쳐 준 태양의 전언이라면
어디로든 날아가야겠지, 하지만
낯선 정거장에서 낯선 곳으로 가는
버스를 기다리는 시간은 오늘도 일몰 이후
몸속을 흐르는 밀림의 유전자는 푸른데
이제부터 가야 할 붉은 진흙강의 저 흰소들
돌아갈 곳 없는 듯, 혹은 잊은 듯
세상의 시간을 오래오래 되새김질하고 있다
저들만이 시간을 저들의 것으로
만들 줄 안다 그러니
소읍이 우울한 건 오늘만의 일이 아니다
우울과 정적이 하나 된 건 내 탓이 아니다
낯선 곳으로 가는 버스를 타려고
나, 오늘도 정류장에 서 있다
알고 있다 오래전에 알아버렸다

내일이 오늘의 모습으로 다시 굴러 올 거라는 거
오늘의 낯선 승객이 내일의 낯선 버스를
기다리지 않는다는 거, 때로
버스가 오지 않는 날이 있다는 것도
오, 하지만 대견해 입 다물고
그늘 위에 누워 귀 닫고 눈 감은
잠의 기억도 없이
몸속 버스 정류장에 참 오래도 버티고 서 있는
나

저녁의 개미들

브레이크댄스를 추면서 내려오고 있다
가로수 우듬지만 한 허공의 하루가 붉다
푸른 잎맥 길들 먼저 어두워지는데
허리 가는 개미들이
번개와 지진 없는 나무껍질
그 수직의 비포장 협곡을 타고
줄줄줄 줄지어 지상으로 내려온다

끊임없이 건드리는 게 삶인가
붐비는 길 위에서는
좀 성가시게 해 주는 게 예의라는 건가
장배기 안테나로 앞 놈 궁둥이 툭툭 치면서
냄새 나는 탬버린 좌우로 흔들어대면서
무수한 팔분음표들이 저마다 스텝 밟는다

엇박자인 어미와 딸들
무수한 아비와 그 새끼들
끊어지면 절대로 안 된다는 듯

스스로 하나씩의 마디가 되어 꿈틀거리는
검은 끈

가로수 그늘 짙은데
허공의 위대한 하루가 문 닫히는데

이상하다 저녁의 개미들
돌아오는 길이 언제나 더 바쁜 놈들에겐
기필코 도달해야 할
지상의 댄스교습소가 있는 모양이다

12월

삐에로처럼
엉덩이에 빨간 풍선을 매단 우편배달부는
구름을 타고 오네 망고 주스를 마시며
어제의 캐럴을 부르며
인도양 쪽으로 달려가네 늙은 산타크로스가
루돌프를 빌려주지 않는다고 투덜거리며
그 노인의 수염이 사실은 구름이라고,
속지 말라고
볼멘소리로 중얼거리며
전갈이 절벽에서 뛰어내린 곰을 쫓아
별들의 계곡을 건너뛸 때
아주 지겨운 우편배달부의 노래
다시 들리네 반 년의 외유를
그 소멸의 부활을
마음의 섬유 공장 문 닫고
밀린 마지막 월세를 내고
염소 바비큐의 지겨운 굿판을 이제 떠나려네

바나나에 관한 마지막 소묘

나무 아니다 살아서
한 번 꽃핀다

근골筋骨 없는 풀이다 반복 아닌
필생이다 바람 불면,
흔들리면,

붉은 쇠불알 꽃을 달고
무수한 아침과 저녁을
바람개비로 떠돌고 있는,

이 나라 절반쯤은 차지하고 있을

바나나

너무 가벼워
이름 부르면 팔랑,
날아가 버릴 것 같은

허공의 문신

하오 네 시, 도심 속 호수는
나무들의 그림자로 어두워진다
해가 지기 전에
해의 그림자를 먼저 보여주는
나무들

제비들이
호수 수면 위 나무 그늘 사이로
날아다닌다
더 잔잔해진 수면 위로
나뭇잎처럼
그림자를 끌고, 나뭇잎보다 가볍게
난다

어쩌면 제비의 생이
나뭇잎보다 가벼울지 모른다
나뭇잎이 제비처럼 가벼운 건지
그 또한 알 수 없다

날개와 부리와 발톱
속도의 칼날에 벼린 제비의 몸은
가늘고,
뾰족하다

제비들 날고 있는 호수 위 허공에
무수한 작은 구멍들이
송송 뚫려 있다

그 구멍들 속으로
지상을 빠져나가는 햇빛 눈부시다

근황

머리 위에서
온몸이 날개인 무심천사無心天使
선풍기가 돌아간다

낮이나
밤이나

비가 온다

아침에도
점심에도
저녁에도

—밥 준비 됐어요

자이언트 팬더를 닮은 현지인 식모가
아장아장 걸어와서 말한다

빗소리로

저희들 말로

불혹不惑

생시보다 더 당당해 보이는
인도네시아 독립 영웅들의 동상이 서 있는 공원에서
원숭이를 팔던 사내가
낮의 그 나무 아래
원숭이를 껴안고 잠들어 있는 밤

(공원이 비로소 사내의 것이 되었다)

자정 지나 인적 끊기고
허기도 구원도 없이 모든 게 어제의 자리로
고스란히 돌아가 있는 새벽

사내의 품을 벗어난 원숭이가
나무 위로 기어오른다

사내의 것인 듯, 아니면 저의 것인 듯
있는 듯, 없는 듯
망망대해 편편 구름 사이로

희미하게 지워지는
저 눈썹달

하현下弦이다

진흙 붉은 강

흐름을 감지하면서도 속도를 알 수 없는
수심 모를 저 붉은 강
오래 바라보고 서 있으면
어느 순간부터 강의 모든 배경이
움직이지 않는다
강도 처음부터 흐름이 아닌
어두운 그림자의 밀림이었거나,
고삐 틀어 쥘 주인 없는 흰 소들이었거나,
발 닿지 않는 어느 깊이에서
나날을 헤엄치던 아이들이 아니었는지
그러므로 강은
삶과 죽음의 갈림길에서
일순간에 생사가 뒤집혀 버린
어떤 위중의 기억인 것만 같다

속도를 알 수 없다는 건
강의 흐름에 대한 중대한 결례
발가벗은 아이들과 해탈한 흰소들은

이 오후의 불볕을 피해
붉은 강을 버리고
나무 그늘에서 쉬고 있다
배경이 뒤척이는 강물과 경계를 이루는
바로 그 지점에서

산책길의 반짝임

처음 걷는 낯선 길이었는데
보았네 과일 가게와
관상어 파는 수족관 사이
사열하는 병정들처럼
인도人道를 따라 가지런히 놓여 있는
은제그릇들

병아리 솜털 같은 저녁별이
그릇 언저리 기웃거리다 빠져들어
다시 나오지 못하고
밤이면 환하게 불 켠 은초롱 될 것만 같은,
지나가는 사람들 눈길 닿을 때마다
닦이고 닦여져서
더 투명해졌을 게 분명한 저 윤기들

속을 비우느라
무수하게 맺히고 풀어졌을 어혈들
전신의 상처로 남아

반짝임마저 저리 눈부시고 아픈 것인가

아직 환한 길에서
길을 잃었네

묘비 박물관에서

젖니를 갈기 시작한 아이들
길에서부터 콜라와 아이스크림을 노래 부른 아이들을
흰, 붉은 꽃나무 그늘에 가둬놓고
묘비들의 숲길
스산한 평일 오후를 혼자 걷는다
아니, 걷다 보니 스산해진다
죽음이라는 그게 대체 얼마나 낯선 세계인지
도무지 읽어낼 수 없는 묘비명들
묘비의 주인인 저들의 삶도 한때는
분명 절절한 희망이었겠지만
마지막 약속이 저거로구나
처음의 자리로 돌아가는 거구나
수염 긴 서양 선교사 노인 동상 쳐다보며 깨닫는 순간
아이들의 웃음소리가 아득하게, 들린다
고사리 손에서 녹아내리고 있을 아이스크림처럼
생도 멈춤 없이 소실되어 가고 있다
흰, 붉은 꽃나무 아래
나 사라진 길 기웃거리고 있을 아이들

짙어 오는 그늘이 무서울 아이들
돌아갈 길은 언제나 더 어둡고, 먼데
기억 속의 동요 한 소절 너희 함께 노래하다 보면
이 저녁 다만 일순이라도 따스해지겠는가
먼저 떠난 생들처럼 희망이 꽃피겠는가
돌아가야겠다 아이들에게로
황혼과 기다림에 지친 아이들이
길에서 잠들기 전에

바다거북

보름 달빛이 해안선을 출렁이는 밤
바다거북들이 뭍으로 기어 나온다
발톱 없는 지느러미로 모래를 헤쳐
등짝 갑피에 얼룩져 있는 세월의 흔적,
오래 누적된 제 내력을 몽땅 용쓰며
아직 생명 아닌 어둠 낳아 묻을 때
바다, 일순 적요하고
바람 멎는다

달거리 없는 그믐 지나
달빛 다시 천지에 너울질 무렵
어미가 누구인지 모르고 태어난 새끼들
파도소리 좇아 망망대해로 기어드는 동안
걸음마다 닥쳐드는 신생의 위기
진즉 알았더라면
저 태어난 모래 무덤 속을 아예
벗어나지 않았을지 모르는데

손톱만 한 갑피가 반석 될 때까지
거기 얹힌 시간의 더께 한 번도 확인 못한 채
어미 되러 처음의 자리로 돌아와야 한다는
숙명으로,
바다거북은 어두운 바다 속을 홀로 날아다닌다

저들의 몸은 저들의 집이다

외딴 방 출입문 위에 거꾸로 매어달려
파도 없는 영원을 버티거나
무인도 바위틈에 머리 파묻고
썩지 않는 갑피만으로
더 오랜 세월을 죽어 살아도

들꽃들의 외출

반쪽인 달이 구름에 숨었을 것이다
자바섬 동쪽 어느 바닷가
언덕 위 단층 방갈로 베란다에 앉아
수평선 근처에서 번쩍이는 번개,
번개가 칠 때마다 잠깐씩 드러나는
바다의 희디흰 옷자락을 훔쳐보고 있었을 것이다
싱싱한 바다의 속살을 상상하고 있었을 것이다

소리는 파도소리 하나였을 것이다
일출을 보려 밤샘을 작정했을 것이다
맥주 캔을 다섯 개째
근처 풀섶으로 던져버리려 할 때,
가까운 빗소리가 더 먼 파도소리를 지우기 시작했을 것이다
일출은 없을 거라 판단했을 것이다

오줌이 마려워서였을 것이다
지붕이 비를 막아주는 방갈로 벽을 더듬어

뒤쪽 둔덕께로 가고 있었을 것이다
그러다 보았을 것이다
희끗희끗 비 맞고 서 있는 들꽃 무더기들
비 맞으며 잠깨어 있는 무더기 들꽃들

은하를 건너온 영혼들일 거라 생각했을 것이다
나처럼 아주 먼 곳에서
아주 먼 곳으로 파도소리 들으러
몰려왔을 거라 생각했을 것이다
바다가 없는 어느 별에서
들꽃들의 메시지를 받은 들꽃 화가가
바다를 그리고 있을 거라 생각했을 것이다

들꽃들 떠나고
옷자락 여미고 처음 잠든 바다의
깊은 적막을 생각했을 것이다
꿈처럼, 목숨처럼, 내일 아침이면 들꽃들이
나보다 먼저 여기 없을 거라 생각했을 것이다

일요일의 축제

비어 있습니다
주택가 집과 집들, 그 사이
공터

꽃이 피어 있습니다
나비들이 꽃과 놀고 있습니다

축제입니다 나비들의 날개가
꽃잎을 닮았습니다 어쩌면
천상에서는 나비와 꽃이 하나 아니었을까요

꽃잎과 날개가
가뿐하게 들어올리는 세상

나비들은 제 날개에 어울리는 허공을
그 허공의 크기와 무게를
다 알고 있는 듯합니다

보세요,

평일보다 더 분주한 휴일입니다

조랑말 마차 2

이제, 고백할 순간이 되었네요
오전 내내 서성거린 소읍에 대해,
다시 떠날 일 없을 소읍을
떠나기 전에

과일과 채소로 시들어가는 시간을 담아 놓고
붉은 고무함지 앞에 쪼그려 앉은 여자들
낮잠 기댄 벤자민 가로수 그늘 따각거리며
늙은 조랑말이 끄는 마차 하나
장터 흙길 지나갈 때,

조랑말의 눈동자가
어제의 태양을 끔벅거릴 때,

어제처럼 어린 마부 소년이 고삐 쥔 손으로
담배를 피워 물 때,

나보다 조랑말이 먼저 걸어갈 길을

걸음 잠시 멈추고 바라볼 때,

조랑말의 숨소리 발굽소리 지워지고
마차가 아득한 언덕길 끝으로 사라질 때,

돌아갈 길 생각하며
지나온 길을 지울 때,

이제, 조랑말 마차 없는 소읍을 제자리에
돌려놓을 시간이 되었네요

사탕수수밭이 있는 풍경 1

어디로 가야 하나
바람이 부는데
언덕엔 온통 사탕수수 대궁뿐인데

사탕수수 대궁들 사이로
흙물 든 명주明紬 오솔길

누구일까

세상이 심심해져버린 사내 하나
신발 벗어들고 그 길
걸어 들어간 것 같은데

돌아 나오는 길 잃어버린 채
사탕수수 대궁이 되어 석 달 열흘
서걱이고만 있는 걸까

바람이 부는데

어디로 가야 하나
어디 가서 살아야 하나

사탕수수밭이 있는 풍경 2

사탕수수 대궁을 씹으며
책가방 없는
갈색 줄무늬 새끼 멧돼지들이
사탕수수밭 사이로 나 있는 오솔길
오솔길을 한 줄로 나란히
걸어오고 있다

오종종한 걸음새가 풀씨처럼 가벼운데

아침에 들고 갔던 가방은 어쨌니
책은 없고
빈 도시락만 딸각거리는
책가방은 어디다 뒀니
내일은 굶니
내일은 온종일 집에서 노니

사탕수수밭 언덕 너머 어디에
선생님 없는

새끼 멧돼지들의 학교가 있는 모양이다

저녁 해가 그리로 지는

휴화산 산정에서

사방 절벽의 흰 머리뼈 드러낸 채
가슴속 유황을 쿨럭거리고 있다
맥박만 뛰고 있다
더운 한숨 쉬익 쉭 토해내고 있다

죽은 게 아니다 삭이고 있는 것이다
살아 있으므로, 아픈 거라며
지난날들이 실은 빛과 공기뿐
아무것도 없었다는 걸
보여주고 있는 것이다

풍운의 날
용광로로 끓어오르던 가슴 터지고
뇌수를 몽땅 쏟아버리는
결정적인 생사의 고비를 넘긴
텅 빈 머릿속,

순백의 머리칼 한 올 자랄 것 같지 않고

부는 바람조차 들어차지 않을 것 같은

보라, 내가 내 머릿속에 들어와 있는 것이다
뇌수 없어 움푹하고 퀭한 산정에서
끓는 유황 물에 삶은 계란을
먹고 있는 사내

황량하다
아무것도 생각나지 않는다

영면永眠

이해 안 된다 여행가방보다 큰 영혼이
담뱃갑이나 겨우 챙겨둘만한 모시옷
호주머니 속에 들어가 살 수 있었다니!
구겨지지 않고도 평생을
천지사방 뛈틀 없이 점프할 수 있었다니!
말년에 노선사가
주문처럼 호명하고 다녔다는 지상의 거봉들은
이제 좀 편히 쉴 거처 하나
찾고자 하셨던 게 아니었을까
눈알 큰 육식조 아닌
박새 닮은 점쟁이새로 태어나
국화꽃 누이의 신수나 점쳐 주다가
어느 먼 날, 다시 떠날 때
그땐 강江의 이름들 외우다 가시려고
그랬던 건 아니었을까

얼음물에 머리 감고 싶은 저녁
영혼 맑은 별 하나가

일생을 목매고 다닌 주옥珠玉 염주 벗어
알알이 번득이는 화두로 던져 놓고
아조 떠나셨다고, 신문에서 그런다

사흘 전에

* 빤쪼란 사거리에 있는 아는 분의 사무실 탁자에 놓여 있던 신문을 뒤적이다가 미당 선생의 부고를 읽었다. 신문 발행 일자를 확인해 보니 사흘 전 것이었다. 환생해도 시인이 되실 게 분명한 그분. 그분은 영혼이 좀 더, 더 많이 크셨던 분 같다. 생전에 인도네시아에 와 보셨는지 그건 모르겠지만, 멀리서나마 명복을 빈다.

발리를 맛있게 여행하는 방법

혼자 가야 하지만
중요한 건 상상력이야 여행 전의 설렘,
너만의 꿈이지 거기에도 사람이 살고
장사꾼이 있고 범죄가 있고
당연히 부정을 사랑하는 경찰, 공무원이 있고
음식점, 술집과 나이트클럽이 있지
잠 걱정은 마 섬 절반이 호텔이니 말야
말리고 싶지만 가야겠다면 가야지
계획이 서 있다고? 그렇다면
비행기 트랩을 출랑 올라서기 전에
오토바이와 윈드서핑을 배워
아프리카 초원에서 마취 총 한 방에 쓰러져
동물원에 막 도착한 초식동물처럼
겸손해야 돼 마음먹으면 어려운 게 아니지만
쉬운 일도 결코 아니야 그렇다고
두려워할 필요는 없어
길에서 만날 모든 사람들이
너와 같은 처지야 비행기에서 내리면

거기가 덴파사르, 숙소 정하고, 오토바이를 빌려
오토바이를 타야 해 80cc 오토바이를 타고
탈탈탈탈 섬을 돌아다녀 투구게처럼
투구게 닮은 헬멧을 쓰고, 3일이나 4일쯤
그냥 다니는 거야 하루 이틀은 신기하겠지만
탈탈탈 마지막엔 지루해질 거야
그럴 때 오토바이를 돌려주고
윈드서핑을 하는 거야 선크림 바르고
지겨울 때까지 갈매기가 되는 거야
그러다보면 그리워지는 게 있을지 몰라
말할 상대가 필요할 거야 말 되는 사람이
그리울 거야 못 견디겠으면 그때 돌아와
돌아오는 게 두렵다면 가지 마
참 맛있는 여행이었다고
다시 가고 싶다고 얘기하면서
가기 전의 설렘으로 친구들의 표정을 살펴
그리고 말하는 거야 거기 가려면
오토바이와 윈드서핑을 먼저 배워두라고

와룡에서 담배를 사다

천둥과 번개와 비
소리와 빛과 범람이 한 사나흘
계속되다 보면
하늘 쳐다보지 않을 수 없다
하늘에 매달리지 않을 도리 없다
촛불 켜지 않을 수 없다 촛불 아래서
숲 속의 인간이
오랑우탄을 따라가지 않을 수 없다

칼리만탄섬 밀림에 들어간 미국 처녀
할머니 될 때까지
30년 관찰한 오랑우탄들의 삶과
죽음을 쓴 책을 읽는 폭우와 정전의 밤

죽은 새끼를 껴안고 젖을 물리고
나무에서 나무로 건너다니는
어미 오랑우탄을 읽고
우산을 꺼내 쓰고 집을 나선다

슬리퍼 끌고 강을 건넌다
할머니 혼자 지키고 앉아 있는 노아의 방주

골목 입구 와룡으로
담배 사러 간다

뿐짝*

해발 2천 미터의 낙엽을,
거기서 잎 피고 지는 그 나무를, 당신이
이해할 수 있을까

640미터의 빌딩
그 신기록을, 기록하는 세계를
그 나무가, 이해할 수 있을까

이 무서운 배려,
이 끔찍한 조화

지구의 온도계로
당신의 심장을 잴 수 있을까

당신만의 은밀한 지표를 엿보기라도 했던 듯
식민시대의 차밭으로 안개가 몰려온다

돌아갈 길이 지워지는 걸 내려다보며

안개 속에서
염소 꼬치구이를 먹는 휴일 오후

* 자카르타에서 약 한 시간 거리에 있는 고원지대. 기후가 서늘해 부자들의 별장이 많다.

| 해설 |

동감同感의 시학
시적 통찰 혹은 서정의 깊이

김석준(문학평론가)

1. 글을 들어가며

최준 시인이 금번 상재한 『뿔라부안라뚜 해안의 고양이』는 난숙에 달한 시적 경지를 아주 치밀하고 섬세한 시선으로 그려내고 있다. 시를 읽는 내내 최준은 시적 재능이 매우 풍부한 시인이라는 생각을 했다. 시말의 운용이 그렇고, 대상을 꿰뚫어보는 통찰력이 그렇고, 언어적 감각이 그렇고, 따스한 시인의 마음의 자리 또한 그러하다. 천진성 혹은 광기. 놀라운 점은 이것만이 아니다. 두 개의 죽음(아버지와 동생) 사이를 뿌리 뽑힌 영혼으로 유랑하면서, 시인 최준은 삶-시간-세계의 의미적 층위를 인간학으로 고양시켜 가고 있다. 이를테면 5년이라는 짧지 않은 인도네시아에서의 생활을 시인 특유의 원근법적 시선으로 투시하면서, 문화의 경계를 자유자재로 넘나들고 있다. 기존의 기행시가 가진 한계점들을 여지없이 논파시키면서 호지의 『오래된 미래』 속에 육화된 문화인류학적 비전들을 세세하게 기록하고 있다.

특발적인 사태를 보편성으로 고양시키기. 시인의 시말운동은 체험의 육화과정이거나 생활세계에 내재된 존재론적 비애를 따스한 시선으로 옴쳐내는 역동성을 띠고 있다. 다시 말해서 『뿔라부안라뚜 해안의 고양이』는 서정적 동감同感의 순간을 보편적 정서로 끌어올려, 이 세상에 존재하는 삶-시간-세계의 문양들이 결코 다른 것이 아님을 증명하고 있다. 물론 생활세계 속에 육화된 문화적 양태는 결코 동일한 것으로 표상되지 않지만, 혹은 이슬람 문명과 한국의 문화 사이에 커다란 간극이 존재하는 것도 사실이지만, 시인의 시말길은 문명과 문명 사이에 놓여있는 간극을 보편어로 가로질러 가고 있다. 말과 말 사이에서 시말을 응시하는 시인, 하여 차이가 각인된 말-기호를 보편-기호로 승화시키는 시인. 최준의 시적 능력은 놀랍고도 경이로운데, 그것은 바로 말과 말 사이의 한계지평을 자유자재로 넘나들면서 보편성을 체득하는 데 있다.

동감의 시학 혹은 너(인도네시아)와 나(한국)를 우리(세계)라는 공감대로 이끌기. 시인이 형상화한 시말길은 문화와 문화를 매개 소통시켜 헤르더Herder적 공감에 이르고 있다. 다시 말해서 최준은 모든 문화의 자기표현 형식들을 두루 조망하면서, 그 모든 인간학적 사태를 서정의 형식으로 보편화시키고 있다. 더 나아가 시인의 시말들은 "시간의 블랙홀과 허공의 미로"(「호모 에렉투스」 중) 등과 같은 불멸의 상징들을 탐구 추적하면서 인간학적 의미를 되묻고 있다. 미적 순간의 보편으로의 고양, 혹은 절대의 시적 재현. 동감은 삶-시간-세계를 보편화하는 시인의 언어적 형상력인데, 그것은 바로 존재가 존재를 포용하는 시적 개현開顯의 순간에 다름 아니다.

2. 문명의 통찰 혹은 존재의 깊이

『뿔라부안라뚜 해안의 고양이』는 깊은 문화적 통찰 위에 씌어진 생-체험의 시말이다. 루카치가 『미학서설』에서 말한 것처럼, 시인의 시말운동은 개별적인 삶-시간-세계의 행태를 특수자로 고양시켜 예술적 보편성을 획득해가고 있다. 존재의 자리 혹은 서정적 통찰. 유랑하는 삶 또는 시적 승화. 시인의 시말길은 천계와 하계 사이에 놓인 사람의 자리, 즉

인류성을 예인하는 쪽으로 휘어져 있는데, 그것은 문화의 주름이거나 시인이 읽어낸 세계의 통찰적 의식이다. 다시 말해서 최준의 시들은 인도네시아인들의 삶의 양태를 내밀하게 들여다보면서 그들의 삶에 새겨진 존재론적 음영을 슬프지만 아름답게 그려내고 있다.

문화와 문화 사이의 간극 좁히기. 하여 보편성을 함의한 세계어를 체득하기. 최준의 천재성은 바로 이 지점에 놓여 있다. 이를테면 시인의 시적 통찰력은 인도네시아인들의 삶을 속속히 들여다보고 체험하면서, 그것을 한국적인 시적 서정으로 승화시키는 데 있다. 문화를 통섭하여 보편문화를 창조하기. 『뻘라부안라뚜 해안의 고양이』의 시적 위의威儀는 바로 이 지점에 있는데, 그것은 언어가 감당할 수 있는 최대치이다. 그의 시말들은 한국의 시적 서정을 최대한 살리면서 이질적인 문화를 동감의 시학으로 고양시켰다. 하여 시인의 시들은 문화와 문화 사이를 보편적인 정감으로 포용하면서 그 모든 사태를 인간학적 자장 내부로 수렴시켜 가고 있다.

어디에나 그 여자가 서 있다

하늘과 땅의 중간쯤에서
하늘을 조금 끌어내리고, 땅을

조금 들어올리고

눈높이에 키를 맞추고

남편 없는 아이들을 주렁주렁 매달고 있다

세상 건널목 다 건너온 여자의 아이들이
양말을 신지 않았다

강이든 바다든 들판이든 집이든
슬프게 흔들리는

청파라솔 쓴 여자의 발치엔 늘 그림자가 있다

—「자바섬 바나나」 전문

문화란 눈높이가 다른 고유한 습속이다. 하여 문화와 문화 사이에는 각각의 상이한 이해의 심급들이 존재하기 마련이다. 에드워드 사이드가 『오리엔탈리즘』에서 말한 것처럼, 문화는 한 일방이 다른 타방을 일방적으로 재단할 성질의 것이 아니다. 따라서 문화는 습합되어 더불어 존재하는 인륜성이다. 최준의 「자바섬 바나나」는 그 문화적 속성을 내밀하게 응시하면서 여성의 운명적 삶을 가슴 아프게 그려내고 있다. 할렘 혹은 여성의 숙명. 시인의 시말길은 이슬람국가인 인도네시아 여성의 삶을 "바나나"로 비유하면서 문화 속에 기입된 존재론적 음영들을 보편의 정서로 예인하고 있다. 슬픔 혹은 기다림. 무슬림 국가에서 여성으로 산다는 것은 그 자체로 고난이다.

"그 여자" 또는 "그림자". 시인 최준의 시선은 자바섬 도처에 널려 있는 바나나를 뚫어져라 응시하고 있다. 상상력 혹은 문명의 그늘. 바나나는 인도네시아 여인들의 지난한 삶을 의미하는데, 그것은 시인의 시적 상상력에 투영되어 인간학적 음영으로 재현된다. 다시 말해서 시인에게 바나나는 문화적 코드이자 문명의 기호인데, 그것은 주렁주렁 매달린 남편 없는 아이들이다. 하여 바나나는 부양책임으로부터 면제된 남성성을 의미하는 동시에 수동적인 여성의 운명이기도 하다.

포도는 악으로 가득 차 있다
한때는 사랑과 연민도 들어 있었는데
그 불투명 사라지면서, 다 보였다
눈물 그득한지, 아니면 핏물이 고여 있는지
그녀의 고무함지 놓여 있는 가로수 그늘 지날 때
포도는 암호다 붉은
뿌리는 더 없다 아, 아무것도 없이

그냥 즐거운 부패, 사실은 그게 생이고
당신인가 그런 당신이
포도를 이해하려면 태양 먼저 공부해야 한다
포도를 맛보려면 공기 먼저 호흡해야 한다

—「포도 파는 여자」 중

인도네시아에서의 5년 동안의 삶을 통해서 시인이 본 것은 문명 속에 기입된 아스라한 인간학적 잔영만이 아니다. 아니 강렬한 태양과 스콜이 내리는 자카르타 어디쯤을 배회하면서 시인 최준은 자신의 생에의 형식을 재정립 중인지도 모른다. 왜냐하면 생이란 언제나 예기치 못한 그 무엇인가로 인해 존재론적 전회를 해야만 하기 때문이다. 투시 혹은 직관. "다 보였다", 생이 보이고, 죽음도 보이면서, 이 세계가 어떠한 방식으로 짜여져 있는지 알게 된다. 어쩌면 시 「포도 파는 여자」는 이곳과 저곳에서의 삶이 결코 다르지 않다는 것을 직감적으로 깨달은 경지를 내밀하게 그려내고 있다. 비록 인도네시아와 한국에서 살아가는 방식이 다르기는 하지만, 시인은 직관적으로 생에의 "암호"를 체득하게 된다. 사랑 혹은 연민 또는 악. 생이란 언제나 그렇듯이, "즐거운 부패"를 향한 죽음 제의가 아니겠는가. 아니 애초부터 생은 "건너"이고 "너머"가 아닌가.

그런데 시 「포도 파는 여자」는 시인의 시적 의도와는 달리보다 심원한 문제를 건드리고 있다. 그것은 바로 "당신"의 정체인데, 당신은 무엇을 의미하며 당신을 통해서 무엇을 이 세계에 고지하고 있는가. 다시 말해서 당신은 무엇을 공부하고 호흡하는가. 태양인가, 공기인가. 시인에게 당신은 모든 것을 "즐거운 부패", 즉 무로 수렴시키는 궁극적 주체인 것 같은데, 왜 최준은 "포도 파는 여자"의 운명과 포도의 부패 사이를 당신을 통해서 매개시키는가. 어쩌면 포도 파는 여인의 형상을 통해서 시인이 본 것은 운명인지도 모른다. 왜냐하면 삶이란 그 자체로 "눈물과 핏물"로 얼룩진 그 무엇으로 표상되기 때문이다. 즉자이면서 대자인 당신, 여기이면서 저기인 당신. 시인에게 당신은 인간학이 위치하는 자리인 동시에 그 자리를 위치 변환시키는 절대적 기표에 다름 아니다. 하여 당신은 너의 생이자 나의 생인 동시에, 생이 궁극적으로 체득 변모해가는 위상학적 토포스topos이다. 비록 시인의 시말운동 전체가 벤자민 가로수 그늘 아래서 포도를 파는 여인의 모습에 집중되어 있는 것만은 분명하지만, 시인의 시말길은 섹터화 된 문명적 삶을 보편적 삶의 운명적 양태로 고양시켜 인간학적 숙명성을 직관하고 있다.

나무가 아니다 살아서
한 번 꽃핀다

근골筋骨 없는 풀이다 반복 아닌
필생이다 바람 불면,
흔들리면,

붉은 쇠불알 꽃을 달고
무수한 아침과 저녁을
바람개비로 떠돌고 있는,

이 나라 절반쯤은 차지하고 있을

바나나

너무 가벼워
이름 부르면 팔랑,
날아가 버릴 것 같은

—「바나나에 관한 마지막 소묘」 전문

생은 결코 무거운 것일 수 없다. 생은 언제나 바람에 흔들리면서 아스라이 쓰러져 내리는 흔적일 뿐이다. 비록 생이 이곳과 저곳의 문화적 풍토의 차이로 인해 서로 상이한 모습으로 현상하기는 하지만, 생은 모양만 다를 뿐 언제나 동일성으로 환원되게 되어져 있다. 이를테면 「바나나에 관한 마지막 소묘」에 묘파된 것처럼, 생은 문화적 차이를 불문하고 동일한 것인데, 최준은 "바나나"에 기입된 의미적 층위를 보편적 삶의 형식으로 치환시켜 시적 세계성을 획득하고 있다. 다시 말해서 시인의 바나나에 대한 시적 직관력은 인도네시아적인 상상적 층위를 한국적 서정으로 고양시킨 것에 다름 아닌데, 그것이 바로 최준의 시적 정체성이자 그가 천재적이라고 불리는 이유이다. 하여 『뿔라부안라뚜 해안의 고양이』는 문화적 차이를 완벽에 가깝게 지워버리면서 시적 보편성에 도달하고 있다. 특히 「바나나에 관한 마지막 소묘」는 그러한 경우의 적확한 예이다.

특수자의 보편자로의 고양. 시말의 진정한 위의는 개별자를 특수자로 섹터화하여 개성적인 국면을 드러내는 것만을 의미하는 것이 아니라, 개별자를 끝까지 밀고 가 그 개별자가 기실 보편자임을 증명하는 것이 아닌가. 아니 시말의 궁극적인 목적은 삶-시간-세계의 의미를 옴쳐 그 모든 것들이 기실 보편성임을 예증하는 데 있다. 그런 의미에서 볼 때, 최준의 시적 통찰력은 아주 예민한데, 그것은 문화와 문화 사이사이를 절묘하게 왕래하면서 문화의 심층을 헤아리는 혜안에 있다. 하여 시인의 시말길은 누구나 걷게 되는 "필생"에 관한 보고서다. 왜냐하면 인도네시아의 "절반쯤은 차지하고 있을//바나나"를 보편적 생에의 형식으로 치환시켜 인생을 직관하고 있기 때문이다. 따라서 이러한 시인의 언어적 능력은 결코 가볍게 보아넘길 수 없는 시적 재능이기도 한데, 그것은 평범 속에 숨겨진 비범함인지도 모른다.

3. 시간의 무늬 혹은 상흔의 기억

인도네시아에서의 5년은 그야말로 광기의 나날이었을지도 모른다. 왜냐하면 5년 동안의 유랑 생활 내부에 두 개의 죽음이 가로놓여 있기 때문이다. 따라서 엄밀한 의미로 볼 때, 『뿔라부안라뚜 해안의 고양이』는 정신적 외상의 치유과정이거나 시인이 죽음과 대면하는 존재론적 전회의 국면이 치열하게 형상화되어 있다. 한계상황 혹은 현존재. 우리는 어떻게 존재하는가. 우리는 삶-시간-세계를 어떠한 방식으로 대면하면서 소멸이라는 형식 속으로 이입하는가. 죽음이 욕동하는 세계, 하여 죽음본능에 차압당한 5년이라는 시간. 뿔라부안라뚜 해안은 칠흑같이 어둡고 황량하다. 아니 인도네시아는 차라리 생을 욕동시키는 강렬한 태양이 아니라, 죽음을 유혹하는 절망의 언어이다. 트라우마 혹은 상실의 식. 모든 기억이나 의식이 망각의 강으로 흘러가 무디어지고 흐려지게 마련이지만, 『뿔라부안라뚜 해안의 고양이』는 기억 속에 침전된 상흔들을 세세하게 기록하고 있다. 상처와의 대면 또는 그것의 승화. 최준은 자신에게 부과된 두 개의 죽음을 치열하게 대면하면서, 죽음의 의미적 층위를 탐구해 들어가 진정한 본질과 대면하게 된다.

죽음이라는 그게 대체 얼마나 낯선 세계인지
도무지 읽어낼 수 없는 묘비명들
묘비의 주인인 저들의 삶도 한때는
분명 절절한 희망이었겠지만
마지막 약속이 저거로구나
(중략)
생도 멈춤 없이 소실되어 가고 있다
(중략)
먼저 떠난 생처럼 희망이 꽃피겠는가
돌아가야겠다 아이들에게로
황혼과 기다림에 지친 아이들이
길에서 잠들기 전에

—「묘비 박물관에서」 중

산다는 건 그 자체로 삶의 기록인가, 죽음의 기록인가. 대저 우리는 왜 이 시공간을 살아내다가 모든 것이 소진되는 무에 당도하는가. 도대체 생은 무엇이고 죽음은 무엇인가. 아니 왜 우리는 생과 죽음이 반복 교차하는 시간의 선상 위를 질주해야만 하는가. 무릇 생이 존재해야 할 이유는 있는

가. 죽음의 계보학 혹은 절멸의 노래. 아버지의 은일한 사랑 혹은 동생과의 애잔한 추억. 시인의 시말들은 삶-시간-세계 속에 기입된 죽음의 흔적들을 내밀하게 들여다보면서 생에의 희망이 어쩌면 기만적일지도 모른다는 상념에 빠져들고 있다. "아이" 혹은 "묘비". 생은 칸트적인 의미의 이율배반 위에서 늘 욕동하게 되는데, 그것은 언제나 "낯선 세계"에 당도하게 되어 있다. 하여 생은 네겐트로피가 아니라 언제나 엔트로피 법칙으로 "멈춤 없이 소실"되어 모든 것을 기화시키게 된다.

허나 문제는 반복이다. 허나 더 큰 문제는 반복에 유혹되는 생에의 형식이다. 동일한 형식의 반복, 아이와 죽음 사이에서 반복하는 생. 어쩌면 반복은 오묘한 덫이자 생이 존재하는 방식인지도 모른다. 하여 시인 최준은 상호 이질적인 이미지인 아이와 묘비 사이에서 "절절한 희망"과 "마지막 약속"을 동시에 읽어낸다. 마치 현재를 갉아먹어 내일에 당도하는 시간의 본질을 알아챈 것처럼, 시인은 아이와 죽음 사이에서 시간의 무늬에 기입된 흔적을 차근차근 되짚어가고 있다. 따라서 "묘비 박물관"에서 시인이 본 것은 일종의 환영인데, 그것은 바로 유년의 시인 자신이거나 죽음본능이 불러일으킨 두 개의 죽음일지도 모른다. 왜냐하면 시인은 "먼저 떠난 생들"에 의해 자신의 삶-시간-세계 전체를 차압당하고 있기 때문이다. 따라서 죽음을 들여다본다는 것은 자신의 존재론적 위치를 가늠하는 것인 동시에 공포의 권력을 행사하는 아브젝트Abject를 똑바로 응시하는 것이기도 하다. 어쩌면 시인 최준은 자신에게 밀어닥친 불행과 정면으로 맞서면서 한 세계를 건너고 있음에 틀림없다. 모든 것이 레테의 강 언덕 저편에 도달한다는 것을 인정하면서, 다시 삶의 자리로 "돌아가야겠다"를 읊조리고 있다.

①

고독은 쉽게 완성되지 않는다는 걸 이미 알고 있는
아이는 가슴에 길만 새겼다
종종 마차가 되는 길, 가끔
집이 되는 마차
지난 저녁, 세 달째 도보여행 중인 사내가
아이의 마차를 타고 아이의 집으로 왔다
얼마만인가 서늘한 돌바닥에 드러누워 지붕
틈새 기웃거린다 엄마 아빠 없는 아이의 운명

—「여행 중인 사내」 중

②

죽은 게 아니다 삭이고 있는 것이다
살아 있으므로, 아픈 거라며
지난날들이 실은 빛과 공기뿐

아무것도 없었다는 걸

보여주고 있는 것이다

—「휴화산 산정에서」 중

③

생시엔 없던 길이 아버지의 행여를 낯선 바닷가

화장장으로 데리고 가는 아픈 날이었지 어제처럼

아버지의 생을 따라

자전거 페달만 밟는 날들이었지

—「기억, 찌부불」 중

두 개의 죽음과의 대면 후 정신적인 공황상태에 이르게 된 시인은 본격적인 방랑생활을 시작하게 된다. "바람이 부는데//어디로 가야 하나/어디 가서 살아야 하나"(「사탕수수밭이 있는 풍경 1」 중)를 되뇌이면서 그는 자신의 새로운 생애의 서막을 열게 된다. ①은 그러한 시인의 내면풍경이 잘 드러나 있는 작품이다. 환상 혹은 유랑자. 시인은 환상처럼 두 개의 무덤이 있는 마당에서 "늙은 조랑말과 열세 살 아이"를 만나게 되는데, 그것은 아버지와 동생(혹은 시인 자신)의 환영인지도 모른다. 왜냐하면 시인의 여행은 트라우마와 대면하면서 그것을 치유하는 과정이기 때문이다. 과거와 현재의 착종 혹은 과거의 안온했던 시간으로의 회귀. 허나 "고독"하다. 허나 "고독은 쉽게 완성되지 않는다". 이미 세상의 이치를 다 알아버린 시인. 이미 두 개의 주검과 무덤이 준비된 생. 어쩌면 시인에게 5년 동안의 유랑하는 삶은 필연적으로 예정되어 있는지도 모른다. 왜냐하면 천재적인 시재를 타고난 인간 최준이 진정한 시인 최준으로 거듭 태어나, 시인의 운명을 살 수 있기 때문이다. 허나 아프고 쓰라리다. 허나 점점 더 삶이 허망하고 무의미해진다. 꺼이꺼이 눈물로 밤을 지새우면서 가슴에 운명의 길을 새긴다. "나를 끌고 어디까지 가야 하는가".(「땅그랑」 중)

유랑은 두 개의 죽음과 대면하는 시인의 영혼의 울음이자, 그 아픔을 승화시키는 삶에의 의지에 다름 아니다. 왜냐하면 생은 언제나 죽은 자의 몫이 아니라, 살아남은 자가 감내하면서 새로운 생을 꼬드이는 그 무엇으로 표상되기 때문이다. ②는 생과 사의 임계점을 "휴화산"으로 비유하면서 삶과 죽음의 관계나 의미를 정확하게 재정립하고 있다. 아픔 혹은 망각. 산다는 것은 아픔이다. 산다는 것은 제로섬게임, 즉 "빛과 공기"로만 남는 무의 형식이다. "가슴속 유황을 쿨럭거리"면서 한 생을 살아내지만, 생은 그저 "황량"한 그 무엇으로 남아, "아무것도 생각"할 수 없게 된다. 망각 혹은 기억의 지편. 어쩌면 시인 말이 맞을지도 모른다. 왜냐하면 인생이란 그 자체로 "아가미 없고 꼬리지느러미 없"는(「물고기 굽는 시간」 중) 그 무엇으로 판명 날 것이기 때문이다. 곰

삭여 흐물흐물해지는 생. 하여 "죽은 게" 아니라 "삭이고" 삭혀 흔적을 지워버리고 마는 생. "텅 빈 머릿속". 지금 시인 최준은 자신에게 속한다고 믿어졌던 그 모든 것을 비워내고 있다. 인도네시아 도처를 방황하고 유랑하면서, 시인은 점점 삶의 자리로 되돌아오고 있다.

③은 "아버지 없는" "아버지의 집"에서 아버지를 추억하는 시인의 애절한 초상이 잘 형상화되어 있는 시이다. 유랑의 원인이자 끝 모를 방황을 초래하게 만든 아버지의 잔영을 회상하면서 시인 최준은 한 세계를 힘들게 건너가고 있다. 갈 곳을 몰라 "길을 잃"고 헤매기도 하면서, 혹은 "지나온 길과/지나오지 않은 길"(「반둥, 밤, 반둥」 중) 사이사이를 불안 불안하게 걸으면서, 시인은 어머니가 펼쳐든 "기억의 돋보기"를 세밀하게 관찰하고 있다. "추억의 책장"을 넘기는 어머니 혹은 "낡은 자전거"를 타고 길을 잃고 헤매는 시인. 생이란 죽음을 향한 외줄타기에 다름 아닌데, 그것이 바로 "한 목숨 온전한 무죄로 건너올 수 있었던가를/죽음으로써 증명"(「운명」 중)하는 방식이 아닌가. 역으로 죽음의 증명은 생의 증명이 아닌가. 하여 시인의 시말운동은 죽음본능의 체현이 아니라, 생에의 욕망이다. 삶 속에 스며있는 죽음을 직시하면서 시인은 인간학에 음습해 있는 죽음의 벡터값을 기억으로 되살려내고 있다. 되살아나는 생에의 흔적 또는 "아버지 파파야"에 각인된 기억. 그렇게 "죽음은 생의 한

가운데로 불쑥, 끼어들"어와 "나, 아닌 나"(「흔적 또는 기억」 중), 즉 분열된 시인을 만든다. 마치 랭보에게 지옥에서 보낸 한철이 필요했듯이, 두 개의 죽음은 그렇게 시인 최준에게 다가와 시인의 운명을 만나게 된다.

망고와 파파야
붉은 강가에 띄워 놓은 바나나 잎 카누들
사냥의 하루를 피워 올리는 저녁 연기 불어가는
마을 뒷산 바위굴에 안치된 조상의 영혼들
삶과 죽음 사이에서 대체 어떤 말이 오고 갔는지
그건,
영원한 비밀

—「시간의 주름」 중

삶은 점점 죽음과 친숙해지는 과정이다. 『바르도 퇴톨』, 즉 『티벳사자의 서한』처럼, 생은 언제나 생을 사는 것이 아니라, 모든 생을 죽음으로 수렴시켜 죽음을 예비하는 과정이다. "생을 뚫고 지나간 영원의 시간" 앞에 우리는 그저 아무것도 아니다. 우리는 '그저' 혹은 '단지'로만 존재한다. 우리는 "영원한 비밀" 앞에 좌절하고 절망하면서 저 궁극의 시간이 기획한 곳에 당도하게 된다. 하여 우리는 삶도 모르고 죽음도 모른다. 우리는 왜 우리가 이곳에 있는지 모를 뿐만 아니라, 왜 죽어야만 하는지에 대한 정확한 이유를 알 길 없다. 하여 우리는 "삶과 죽음 사이에서 대체 어떤 말이 오고 갔는지"를 말하지 못할 뿐만 아니라, 설령 오갔던 사실을 알았더라도 그것을 "영원한 비밀"에 부쳐야만 한다. 왜냐하면 바로 시간의 본질이 "시간의 주름"이기 때문이다.

시 「시간의 주름」은 최준의 시적 통찰력이 돋보이는 작품인데, 그것은 삶이 당도하는 시간의 본질적 국면이거나, 시간 속에 접힌 세세한 인간학적 주름을 치밀하게 형상화했기 때문이다. 미라 속에 응고된 시간 혹은 영원에의 열망. 허나 "저 검은 침묵의 육체". 우리는 앎이 아니라 모름이거나 침묵이다. 최준이 천재적인 이유가 바로 이 지점인데, 그것은 바로 두 개의 죽음과 5년 동안의 방황 속에서 인간학적 본질을 정확하게 통찰했기 때문이다. 미셸 푸코가 『지식고고학』의 서문에서 말한 존재론적 아포리아처럼, 시인 최준은 삶-시간-세계에 기입된 시간, 즉 삶과 죽음의 본질을 "영원한 비밀"로 밀봉시키면서 세세한 "시간의 주름"이 생이 있었던 자리임을 예증하고 있다. 하여 두 개의 죽음과 5년 동안의 방황을 고스란히 담아낸 『뿔라부안라뚜 해안의 고양이』는 보들레르의 만물조응이나 랭보의 견자적 시말혁명을 넘어서서, 존재론적 아포리아를 직관 투영한 시말의 신기원이다. 놀랍고 경이롭다.

4. 데자뷰(혹은 자메뷰) 또는 존재의 비밀

선험적으로 우리가 생에의 형식을 부여안고 태어난 순간, 우리는 직감적으로 죽음이 저 밑바닥에서 꿈틀거리고 있다는 것을 알고 있을지도 모른다. 기시감(미시감) 혹은 이미 알아버린 세계. 비록 "끊임없이 건드리는 게 삶"(「저녁의 개미들」 중)이고 생에의 감각인 것만은 분명하지만, 혹은 역으로 모든 열정을 삭이는 게 삶의 형식인 것 또한 사실로 받아들여지기도 하지만, 우리는 우리에게 허여된 존재의 형식을 근원적으로 사유하게 된다. 하여 최준의 『뿔라부안라뚜 해안의 고양이』는 나와 세계 사이의 팽팽한 긴장관계를 시말로 승화시키면서, 세계의 본질을 차근차근 길어 올리고 있다. 시간의 형식 혹은 존재의 비밀. 우리는 무엇으로 존재하는가. 우리는 과연 어떤 형식으로 존재할 때, 우리의 '우리됨'을 알 수 있는가.

알 수 없는 길 쪽으로 시말길내기 혹은 존재의 비밀을 응시하기. 최준의 시말길은 궁극으로 휘어진 그야말로 본질의 언어인데, 그것은 선험적인 가정을 논파시키는 아포리아이거나 이미 알아버린 세계의 본질인지도 모른다. 왜냐하면 최준의 시말작용은 데자뷰와 자메뷰 사이사이를 광기와 예언자적 태도로 언표하고 있기 때문이다. 비록 그것이 두 개의 죽음을 초극하기 위한 5년간의 방랑하는 삶 속에서 생긴

현상이기는 하지만, 하여 낯선 시간, 낯선 공간이 만들어낸 정신착란인 것 또한 사실이지만, 시인의 시말운동은 존재의 비밀을 풀기 위한 내밀한 의식작용에 다름 아니다.

낯선 정거장에서 낯선 곳으로 가는
버스를 기다리는 시간은 오늘도 일몰 이후
몸속을 흐르는 밀림의 유전자는 푸른데
이제부터 가야 할 붉은 진흙강의 저 흰소들
돌아갈 곳 없는 듯, 혹은 잊은 듯
세상의 시간을 오래오래 되새김질하고 있다
저들만이 시간을 저들의 것으로
만들 줄 안다
(중략)
알고 있다 오래전에 알아버렸다
내일이 오늘의 모습으로 다시 굴러 올 거라는 거
오늘의 낯선 승객이 내일의 낯선 버스를
기다리지 않는다는 거, 때로
버스가 오지 않는 날이 있다는 것도
오, 하지만 대견해 입 다물고
그늘 위에 누워 귀 닫고 눈 감은
잠의 기억도 없이
몸속 버스 정류장에 참 오래도 버티고 서 있는

나

—「꿈꾸는 벤자민」 중

시인의 내면은 차갑고 서늘하다. 공복감 혹은 결핍. "삶과 죽음의 갈림길" 또는 "위증의 기억".(「진흙 붉은 강」 중) 대저 우리는 삶-시간-세계를 어떤 시간의 문양으로 건너는가. 아니 이미 "알고 있"고, "오래전에 알아버린" 시간의 선분 위를 우리는 어떤 태도로 질주해야만 하는가. 착종되는 시간 혹은 "우울과 정적". 대저 시인은 5년이라는 유랑의 시간 동안 무엇을 알고 깨달은 것인가. 시 「꿈꾸는 벤자민」이 속도와 시간을 나(시인 자신)의 시선 속에 응고시킬 때, 그 진정으로 체득한 삶의 무늬는 어떤 색조를 띠고 있는가. 대저 시인이 "세상의 시간을 오래오래 되새김질"할 때, 그는 진정 무엇을 반추하고 있는가. 아니 시인 최준이 "내일이 오늘의 모습으로 다시 굴러 올 거라"고 정언적으로 확언할 때, 그가 체득한 시간의 본질은 무엇인가. 차이인가, 동일성인가. 그리고 "저들만이 시간을 저들의 것으로/만들 줄 안다"고 말한 시간의 정확한 본질은 무엇인가.

광기와 착란의 시간. 존재론적 운명을 응시하는 시간. 어쩌면 낯선 시간과 공간 속에서 시인이 체험한 것은 존재의 비밀이 아니었을까. 아니 역으로 분열적인 정신적 공황상태에서 이 세계의 본질이 데자뷰 현상처럼 "참 오래도 버티고

서 있는/나"의 앞쪽으로 스쳐 지나간 것은 아닌가. "꿈꾸는 벤자민"은 꿈꾸는 시인이다. 아니 시인의 진정한 꿈은 세상과 유리된 채, 혹은 스스로 "입 다물고, 귀 닫고 눈 감은" 채, 세상의 모든 것들을 기억의 저장고로부터 말소시켰던 것은 아닌지. 자기 망각 혹은 새로운 세계로의 질주. 시인에게 두 개의 죽음은 천형적인 벌이자, 시인이 건너야만 하는 일종의 통과의례에 다름 아니다. 진정한 시인으로 거듭 태어나기 위하여 혹은 시말의 제국을 건설하기 위하여, 두 개의 죽음이 시인의 운명 앞에 놓여 있던 것이다.

①

환생을 기다리며 살지
일생 언덕을 오르다 보니
내가 산 세상은 다함없는 노래였네
울음이었네 때로
노래가 되는 울음, 종종
울음이 되던 노래
생식과 양육의 시간들이
몸의 안팎을 두루 흘렀네

—「파파 염소의 노래」 중

②

우리들에게도 돌아가고 싶은
고향이 있답니다 떠나 온 곳이 아름다웠다는 걸
당신도 언젠가는 당신에게서 버려질 운명
생의 그 아득함에 길들여지면
존재만으로도 우리는 버거워지는가요

―「호텔 그랜멜리아」 중

③
갈수록 어깨 좁아지고
숨 가빠지는 길
운명처럼 끌고 오는 사이

어느새 빗물 고인 웅덩이가 되어버린
조랑말의 눈동자가

들판 너머 아득한 저녁 구릉으로
이어지는 길 끝, 저쪽을
환하게 열어놓고 있다

―「조랑말 마차 1」 중

"속을 비우"고 갈 "길을 잃"(「산책길의 반짝임」 중)은 순간 혹은 생에의 형식이 상현이 아닌 "하현下弦"(「불혹不惑」

중)에 돌입하게 될 때, 생은 언제나 새로운 생으로 전환된다. 하여 시인의 시말들은 "청춘 다 지나가도록/못다 한 말들 푸푸 내뿜"(「순다 끌라빠항」 중)은 언어이거나 존재론적 운명성을 응시하는 그야말로 지난한 말들이다. ①은 그러한 의식을 "노래"에 빗대어 언표하고 있는데, 그것은 바로 죽음과 "환생" 사이에 놓여 있는 인간학적 거리에 다름 아니다. 노래로 치환되는 생, 하여 삶도 죽음도 노래할 수밖에 없는 시인. 최준은 운명과 마주서 있다. 두 개의 죽음이 만들어 낸 생에의 흔적들을 굽어보면서, 시인은 노래하는 자가 된다. 하여 생에의 형식은 "노래가 되는 울음"이나 "울음이 되던 노래"로 그 존재론적 양태를 변화시키게 되는데, 바로 그 지점에서 시말이 생성된다. 하여 시인의 노래는 세상의 문양을 변주한 시인 특유의 고유한 세계읽기에 다름 아니다. "일탈 혹은 저항". 어쩌면 시인의 노래는 '아버지의 이름으로' 부르는 사부곡思父哭이다. 아니 더 정확하게 말해서 시인의 시말노래는 점점 기울어져 가는 생의 "몸의 안팎"에서 욕동했던 주이상스의 기록이다. 오름 혹은 내려감. 그리움 또는 지워짐. 비록 시인의 시말길이 아버지가 내어놓은 그 길을 따라 오르내리고 있기는 하지만, 이러한 반정립적 모순 관계 속에 존재의 비밀이 육화되어 있다는 사실을 직감하고 있다.

②는 "추억과 기억" 사이에 생이 있고, 생의 흔적 또한 존

재함을 예증하면서, 시인은 존재의 비의秘意를 내밀하게 들여다보고 있다. 소멸의 흔적 혹은 "전설". 우리는 어느 쪽으로 휘어진 운명인가. 우리는 점점 어두워지고 외로워지다가 왜 "추억을 입맞춤하는" 자로 전락하는가. 운명이 만든 장난인가, 자기 원인인가. 대저 시인 최준은 『뿔라부안라뚜 해안의 고양이』 전체를 통해서 어떤 운명의 기호를 직시했는가. "당신도 언젠가는 당신에게서 버려질 운명"을 보아버린 것인가, 아니면 이미 다 알아버린 세계의 이치인가. 최준이 보아버린 존재의 비밀은 타자성의 원칙이 아니라 자기성의 원칙이다. 비록 타자의 기억이 "전설"을 만들어내기는 하지만, 시인은 존재란 자기에서 출발해서 자기로 소멸하는 운동이라고 확신하고 있다. 마치 크리슈나 무티가 『자기로부터의 혁명』에서 말한 것처럼, 시인은 두 개의 죽음 사이를 가로지르면서, 슬픔의 노래도 부르면서, 생에의 형식을 자기성(Selfness)으로 수렴시켜가고 있다. 하여 나는 타자를 말하는 것이 아니라, 나는 나를 말한다. 따라서 나는 나, 즉 자기 원인이다.

허나 그럼에도 불구하고 생의 주체는 누구인가. 나인가, 운명인가, 저편인가. ③은 그러한 문제를 가벼운 터치로 소묘하면서 생이 당도하는 궁극의 지점을 가리키고 있다. 생에의 형식은 "좁아지고/숨 가빠지는 길"인데, 그것이 바로 인간학적 운명이다. 우리는 언제나 "길 끝, 저쪽"으로 향하게 되어져 있다. 우리는 부지불식간에 운명에 이끌려 이쪽이 아닌 저쪽에 당도하게 된다. 그것이 어떤 형국을 하고 있는지 알 길이 없지만, 때론 어둡게, 때론 밝게 생에의 끝막음에 도달하게 되어 있다. 최준이 본 것은 바로 저쪽이라는 피안이 아니었을까. 비록 "조랑말 마차"를 타고 "문명과 자연의 점이지대"를 유랑하고 있기는 하지만, 시인은 운명과 마주서서 운명의 기호 전체를 "저쪽"에 응고시켰던 것은 아닐까. 왜냐하면 우리는 길든 짧든 상관없이 단 한 번 삶-시간-세계를 주유하기 때문이다. 하여 우리는 스스로 만든 생이자, 스스로에게서 멀어져 가는 슬픈 운명이다.

결코 기억하지 못 한다
출구 없는 실내가 어지러워
여행자는 꽃잎 뒤에 숨은 자신의 손가락에
바늘을 꽂기도 한다 화들짝 놀라
바늘을 뽑아 낼 때
봉싯 솟아오르는 한 방울의 피
아린 게 손가락이 아니어서 여행자는 슬프다
(중략)
사원은 영원한 그늘
세상의 뒷문을 조용히 빠져 나가는
여행자의 발자국은

예외 없이 어둡다 꽃들의 영혼은

어디에도

떨어진 흔적이 없고

―「사원의 발자국」 중

신들의 제의 혹은 모든 것이 신인 세계. 이 세계는 그 자체로 경배의 대상이다. 이 세계는 죽어 사라지는 자와 영원으로 표상되는 상징적 실재 사이의 오묘한 작용이 맞물려 있다. 이 세계는 "몸부림"이다. 이 세계는 "출구 없"음이다. 이 세계는 "화들짝"이다. 이 세계는 슬픔이다. 이 세계는 "벼랑"이다. 허나 흔적을 남기지 않는 세계. 삶도 "발자국"도 완벽하게 기억에서 지우기. 우리는 그저 소멸하는 기호일 뿐이다. 우리는 흔적의 말소이다. 하여 우리는 어둠이다. 우리는 "가슴을 디디고 간 무수한 시간들을" 무의 작용으로 수렴시켜야 한다. 우리는 그저 사라진 "빛"이다.

"빛살 일렁이던 노래의 시간"(「야자수 성자」 중)도 "안개의 영혼"(「비스듬히」 중) 같은 흔들림도 우리는 망각으로 흘려보내야만 한다. 우리는 기억하는 자가 아니라, 삶-시간-세계가 만들어낸 그 모든 의미의 흔적들을 말소시켜 적멸에 이른다. 하여 우리는 "흔적" 없음이다. 우리는 "예외 없이"이다. 우리는 앞이 아니라 뒤다. 우리는 앞으로 향하여 무한히 내달리다가 그것이 바로 옆이나 뒤라는 사실을 뒤늦게

깨닫게 된다. 시 「사원의 발자국」은 과거, 현재를 미래의 시간으로 응결시키는 것이 아니라, 과거로 존재할 수밖에 없는 시간의 본질을 정확하게 정관해내고 있다. "영원한 그늘" 혹은 존재의 비의. 우리는 무엇으로 존재했고, 무엇으로 소거되는가. 우리는 왜 "세상의 뒷문을 조용히 빠져 나가는" 그렇고 그런 존재인가.

최준의 『뿔라부안라뚜 해안의 고양이』 전체는 세상의 앞면을 화려하게 채색한 욕망의 언어가 아니라, 그 욕망을 가볍게 키질하면서 욕망 밑에 가라앉은 생에의 본질을 응시하고 있다. 가녀린 서정과 존재의 비밀 사이를 아슬아슬하게 건너면서 생이 도달하는 궁극의 지점을 알아챈 듯하다. "세상의 뒷문"으로 소멸하는 운명적 존재를 응시하면서 그것이 바로 생임을 증명해내고 있다. 아름답지만 슬프고, 경이로운 듯하지만 따스한 마음자리를 예민한 시선으로 새로운 시말의 신기원을 옴쳐내고 있다.

5. 글을 나오며

오후 두 시 빤쪼란 사거리
스콜이 내렸다
가방에서 우산을 꺼내 쓰고 신호를 기다리는데

우산 속으로 불쑥 들어서는 아이
닿을 듯 다가서서 손 내미는 아이에게
천 루피아 지폐 한 장 건네주다
눈이 마주쳤다

어느 행성에 왔니
이름이 뭐니 몇 살이니
학교엔 왜 안 가니

묻지 못했다 아이의 언어는
숨 쉬는 공기 같은 것
단지 눈빛을 나누는 연기 같은 것

우산 밖으로
세상 속으로 재빨리 돌아가는 아이의 팔다리가
우산대처럼 가느다랗다
해진 옷 사이 흑단처럼 반들거리는 살갗
맨발 발가락이 젖은 흙바닥을 꼼지락거렸다

신호가 바뀌는 순간, 이미 다 알았다
세상을 다 알아버렸다
온몸으로 한 장 명함을 새긴 아이

이름을 써넣었을까

천 루피아 지폐보다 작은 아이의 손

—「작은 손」 전문

시인이란 그 자체로 운명이어야 한다. 자고로 시인이란 운명과 마주서서 운명을 꿰뚫어 보는 마성적인 존재이어야 한다. 아름답고 숭고한 정신성 혹은 천진성. 영악하고 너무도 계산이 밝은 시인들이 난무하는 시대에, 시인 최준은 그 자체로 어리석은 자이거나 이단아일지도 모른다. 투명함 또는 통찰력. 시 「작은 손」은 최준의 뛰어난 시적 재능을 인정하지 않을 수 없는 작품인데, 그것은 바로 결코 풀 수 없는 실타래 같은 세상의 의미를 인도네시아 소년이 내미는 "작은 손"을 통해서 직관해냈다는 사실에 있다. 대저 "세상을 다 알아버렸다"는 어떤 의미인가. 꼬리에 꼬리를 무는 아포리아 같은 세상을 진짜 시인이 알아챈 것인가. 물론 두 개의 죽음과 5년 동안의 방황을 통해서 이 세계의 비밀을 안다고 느낄 지도 모른다. 허나 그럼에도 불구하고 다 알아버린 세상은 무엇인가. 도대체 우리는 다 알아버린 세상에 당도할 수 있는가. 대저 시인 최준은 "공기 같"고, "연기 같은" "아이의 언어" 속에서 무엇을 알아버린 것인가.

내미는 작은 손에 "천 루피아 한 장" 건네주면서, 시인은

이 세계에 내재된 아포리아를 건너고 있음에 틀림없다. 동감의 시학 혹은 통찰력. 시인 최준은 자신에게 부과된 천형 같은 삶-시간-세계의 의미를 여리고 섬세한 심성으로 보듬어 안으면서 새로운 시말 세계를 건설하고 있다. 그에게 앞으로 어떤 시말길이 예비되어 있는지 잘은 모르지만, 그가 위대한 시인으로 거듭 태어날 것이라고 확신한다. 천재성과 천진성을 동시에 겸비한 최준의 시재는 현재의 시인이 아니라 미래의 시말을 걸머진 그야말로 운명의 시인임에 틀림없다. 허나 도대체 "세상을 다 알아버렸다"고 말한 시적 경지는 무엇인가. 어떤 운명을 만날 때, 그와 같은 경지에 도달할 수 있는가. 천재 시인의 시말에 경의를 표한다.

시인시각시선 001
뿔라부안라뚜 해안의 고양이

초판인쇄 2009년 12월 10일　초판발행 2009년 12월 15일
지은이 최준　펴낸이 김충규　펴낸곳 **문학의전당**
디자인 이효숙(fbicafe@naver.com)
출판등록 제387-2003-00048호(2003년 9월 8일)
주소 121-718 서울특별시 마포구 공덕2동 404번지 풍림VIP빌딩 202호
전화번호 02-852-1977　팩시밀리 02-852-1978
블로그 http://blog.naver.com/mhjd2003　전자우편 mhjd2003@naver.com

ISBN 978-89-93481-44-0 03810

*이 책은 한국문화예술위원회의 문예진흥기금을 받아 제작되었습니다.